基于多约束的省域建设用地开发利用潜力评价与布局导向研究

——以湖南省为例

张秋月 / 著

中国财富出版社有限公司

图书在版编目（CIP）数据

基于多约束的省域建设用地开发利用潜力评价与布局导向研究：以湖南省为例／张秋月著．—北京：中国财富出版社有限公司，2020.5

ISBN 978－7－5047－7161－2

Ⅰ．①基…　Ⅱ．①张…　Ⅲ．①城市建设—土地利用—研究—湖南　Ⅳ．①F299.276.4

中国版本图书馆 CIP 数据核字（2020）第 088384 号

策划编辑 张彩霞　李　如　　**责任编辑** 周　畅
责任印制 尚立业　　**责任校对** 卓闪闪　　**责任发行** 白　昕

出版发行	中国财富出版社有限公司		
社　址	北京市丰台区南四环西路 188 号 5 区 20 楼	**邮政编码**	100070
电　话	010－52227588 转 2098（发行部）		010－52227588 转 321（总编室）
	010－52227588 转 100（读者服务部）		010－52227588 转 305（质检部）
网　址	http：//www.cfpress.com.cn	**排　版**	宝蕾元
经　销	新华书店	**印　刷**	北京九州迅驰传媒文化有限公司
书　号	ISBN 978－7－5047－7161－2/F·3161		
开　本	710mm×1000mm　1/16	**版　次**	2020 年 5 月第 1 版
印　张	13	**印　次**	2020 年 5 月第 1 次印刷
字　数	206 千字	**定　价**	52.00 元

前　言

随着社会经济的发展，我国土地资源日益紧缺。我国在建设用地开发利用的过程中盲目扩张与粗放利用的问题并存，因此科学评价区域存量建设用地和增量建设用地的开发利用潜力，合理利用有限的土地资源，解决用地矛盾，尤为重要。

我国在建设用地开发利用过程中产生了一系列生态环境和经济社会问题。因此建设用地开发利用必须从土地系统与自然环境、经济社会系统协调发展的角度出发，充分考虑建设用地开发利用的限制条件，防止生态环境的进一步恶化。

2017 年国务院公布了《全国国土规划纲要（2016—2030 年）》，为了落实全国国土规划纲要，在“十三五”规划期乃至更长时间，省级和区域级国土规划编制工作将全面展开。土地潜力评价是制定规划的基础，特别是从宏观角度研究建设用地开发利用潜力，对国土资源开发、利用、保护和整治进行统筹谋划和综合部署，促进经济社会可持续发展有着重要的现实意义。

以省域为研究尺度，从可持续发展的角度出发，分析建设用地开发利用潜力的约束条件，在此基础上构建一个基于多约束的建设用地开发利用潜力评价指标体系和综合评价模型，为省级国土规划编制提供依据。本书的主要内容共分为九章，整体结构安排为：

第 1 章，导论。本章介绍本书研究背景与意义，阐述本书中涉及的基本概念，明确本书的研究思路，绘制本书的技术路线，提出本书的主要研究方法，对本书主要章节的安排进行系统说明，提出了本书的创新点和不足。

第 2 章，文献综述。本章从建设用地开发利用潜力内涵和来源、建设用地开发利用潜力的约束条件、建设用地开发利用潜力的研究尺度、建设用地开发利用潜力评价指标和建设用地资源潜力评价方法五个方面进行了文献梳理和评述，为本书的研究提供了经验借鉴。

第3章，基础理论。本章对建设用地开发利用潜力评价和建设用地开发布局所涉及的基础理论进行了分析和论述。涉及的理论有可持续发展理论、生态经济学理论、人地关系理论、约束理论和区域布局理论，为本书的研究提供了理论指导。

第4章，建设用地开发利用的约束条件。建设用地开发利用的影响因素众多而且十分复杂，有正向、负向及双向影响因素，也有绝对限制和相对限制因素，本章从资源环境保护和土地可持续利用的角度出发，分析自然资源、生态环境、社会经济和政策制度与建设用地开发利用的关系及其对建设用地开发利用的约束，为构建评价指标体系奠定基础。

第5章，基于多约束的省域建设用地开发利用潜力评价指标体系构建。本章在分析省域建设用地利用特点的基础上，遵循科学性、可持续发展、可操作性、一致性、代表性、系统性的原则，运用综合法、因素分析法和德尔菲法，构建了“双向”和“四位一体”的基于多约束的省域建设用地开发利用潜力评价指标体系；依据国家标准、规范、相关政策以及其他区域的相关研究成果和实地调研，确定约束指标阈值；选择德尔菲法确定约束指标权重。

第6章，省域建设用地开发利用潜力评价模型构建。本章在分析建设用地潜力评价方法的基础上，将综合指数和法和极限条件法结合，构建了综合评价模型，既考虑了刚性约束指标对建设用地开发利用潜力的绝对限制，采取“一票否决”制，又综合考虑其他弹性约束指标对建设用地开发利用潜力的相对限制，为进行实证研究奠定了基础。

第7章，湖南省建设用地开发利用潜力评价。本章在分析湖南省概况和土地利用情况的基础上，研究了湖南省建设用地开发利用存量潜力和增量潜力的限制因素并分别构建了评价指标体系，利用基于多约束的省域建设用地开发利用潜力评价模型，运用GIS技术，对湖南省122个区县的建设用地开发利用存量潜力和增量潜力分别进行了评价。

第 8 章，湖南省建设用地开发利用布局研究。本章以区域布局理论为基础，以湖南省建设用地开发利用潜力评价结果为依据，提出了湖南省“一核三区，两横两纵”的建设用地开发利用总体布局；在分析湖南省建设用地现有开发利用模式的基础上，提出了“精明增长＋集约高效”的建设用地开发利用新模式。

第 9 章，结论与展望。本章总结了全书的主要论点，提出了本书的创新点和不足之处，并根据在写作过程中遇到的问题，对未来的研究提出了展望。

Preface

With the development of society and economy, land resources of China are becoming increasingly scarce. In addition, there exists blind expansion and extensive use problem in process of construction land development and utilization. So it becomes more and more important to evaluate land for construction of regional stock and the potential of exploitation and utilization for incremental construction land scientifically, to use limited land resources rationally, to coordinate the relationship between people and land properly.

There occurs a series of ecological environment and social economic problems in land development and utilization process in China. Therefore, we must develop and utilize construction land from the perspective of coordinated development within land system, natural environment and economic social system. We should also consider the constraints of land development and utilization to prevent further deterioration of ecological environment.

In 2017, the State Council promulgated *The National Programme for Planning of the National Land* (*2016 – 2030*), in order to implement the national land planning outline, in the "13th Five – Year Plan" period and even a longer time, provincial and regional land planning will be in full swing. Land potential evaluation is the base of planning. Especially for the study on development and utilization potential of construction land from macro scale, it has important practical significance for overall planning and comprehensive deployment of land resources development, utilization, protection and improvement, also for promoting sustainable economic and social development.

By using province as the research scale, and from the perspective of sustainable development, this book analyzes the constraints of the development and utilization potential of construction land. On this basis, an evaluation index system and com prehensive evaluation model of the development and utilization potential of construction land based on multiple constraints are constructed. This book also provides the basis for the provincial land planning. The main content of this book is divided into nine chapters, the arrangement of the integral structure is:

The first chapter, introduction. This chapter introduces background and basis of selecting topic, research goal and research significance, expounds the basic concepts involved in this book, clears the research direction, gets the main research methods and draws the technical routing, explains the arrangement of main section of this book, puts out the innovation points and deficiency.

The second chapter, literature review. This chapter combs and reviews the following 5 parts of contents: connotation and sources, constraint conditions, study scale of land potential evaluation, potential evaluation index and evaluation methods of construction land potential. This chapter provides great reference for the study of this book.

The third chapter, theoretical basis. This chapter analyses and describes the basic theories of construction land potential evaluation and national land space layout. The basic theories contain sustainable development theory, ecological economics theory, theory of human and land relationship, theory of constraints and regional layout theory. This chapter provides theory reference for the study of this book.

The fourth chapter, constraints analysis. Construction land development and utilization potential is affected by many factors. Some influence factors are positive, some are negative while others are both positive and negative. Some factors are relative constrains while others are absolute constrains. From the perspective of resource environment protection and land sustainable utilization, this chapter analyzes the relationship among construction land utilization, natural resources, ecological environment, social economic and policy. And it also analyzes the restriction on the deve lopment and utilization of construction land caused by described relationship. This chapter lays the foundation for establishing the comprehensive evaluation index system.

The fifth chapter, construction of potential evaluation index system. Following the principle of scientific, sustainable development, operation, consistency, representative and systematic, this chapter constructs two criteria layers and constraints index system based on the analysis of utilization features of provincial construction land. (The criteria layers contain rigid constraint index and elastic constraint index.) The constraints index system is composed by four factor layers like natural resources, ecological security, social economic, planning and control. The study uses three methods like synthetic method, factor analysis method and Delphi method. This chapter identifies constrain index threshold on the basis of national stan dards, norms, policies and related research achievements of other regional and field, and also identifies constraint index weight by Delphi method.

The sixth chapter, construction of potential evaluation model. Based on the analysis of evaluation method of construction land potential, this chapter constructs improved comprehensive index and evaluation model, by a new method which combined comprehensive index method and the limit condition method. This chapter considers absolute limit of rigid constraints and takes "one vote veto" system. This chapter also considers the relative limit by other elastic constraints index. The study of this chapter lays a foundation for research of demonstration area.

The seventh chapter, evaluation of development and utilization potential of construction land of Hunan province. Based on the analysis of Hunan province social economy, resources, environment and basic status of land utilization, this chapter studies the limiting factors of existing potential and increment potential of construction land of Hunan province. This chapter constructs constraints index system, selection index and evaluation model by choosing the improved comprehensive index and evaluation model. It finishes the evaluation of construction land development and utilization potential of Hunan province by using GIS technology, and finally obtains utilization type, size and spatial distribution of construction land development and utilization potential of Hunan province.

The eighth chapter, study on strategic layout of construction land development in Hunan province. Based on the theory of regional layout and evaluation results of Hunan province construction land utilization potential, and proposes "one nuclear with three areas, two vertical and two horizontal" land development layout of Hunan province. On the basis of analyzing the existing development and utilization mode of construction land in Hunan province, propose a new model of "shrewd growth and intensive efficient" construction land development and utilization.

The ninth chapter, conclusion and prospect. This chapter summarizes the main points of the book, puts forward the innovation and deficiency of the book. This chapter provides prospect for future research according to problems in process of writing the book.

目录

图表索引

第1章　导　　论

1.1　研究背景与意义

1.1.1　研究背景

为了规范国土开发秩序，促进经济和社会可持续发展，加强宏观管理，2017年，国务院公布了《全国国土规划纲要（2016—2030年）》，对中长期国土空间开发形势做出了深入研判，明确了未来我国国土空间开发的指导思想、基本原则和主要目标。土地开发利用潜力评价是设计规划的基础，特别是从省域宏观尺度研究建设用地开发利用总潜力，对国土资源开发利用、保护和整治进行统筹谋划和综合部署，对促进经济社会全面协调可持续发展有重要的现实意义。

针对土地开发强度与资源环境承载能力不匹配、土地开发空间不足、土地供求矛盾突出、区域和城乡差距较大、生态环境安全问题逐步凸显等情况，党的十八大报告提出，大力推进生态文明建设，优化国土空间开发格局，确定了国土空间布局的总方针。党的十八大报告对优化国土空间开发格局的发展理念进行了深化和细化：控制开发强度，调整空间结构，促进生产空间集约高效、生活空间宜居适度、生态空间山清水秀，建设形成富有竞争力、安全和谐和可持续发展的国土空间格局。在这种背景下，分析在多种约束的条件下建设用地开发利用的潜力，在建设用地开发过程中注重对资源环境等刚性约束因子的保护，有助于处理好开发与保护的关系。

另外，以省域为研究尺度，加强省域建设用地总潜力的评价，也成为统筹区域和城乡建设用地布局，挖掘建设用地存量潜力，提高土地利用效率，科学安排增量建设用地的基础。

改革开放四十多年来，随着工业化、城镇化进程的推进，我国城镇建设用地快速扩张、粗放利用的现象十分突出。随着构建“资源节约型”社会要求的提出，城镇建设用地节约集约利用刻不容缓。

建设用地开发利用涉及社会经济、资源和环境三大层面。建设用地开发利用潜力挖掘不仅仅是单项土地利用状况指标度量的改变，还必须从土地系统与城市自然、经济和社会系统的协调持续发展的角度，充分考虑土地开发利用潜力的各种条件约束。目前对建设用地开发利用潜力评价的研究主要关注土地开发利用结构潜力、土地开发利用强度潜力、土地开发利用经济潜力，而对建设用地开发利用的综合潜力研究较少。建设用地开发利用的综合潜力就是在整体或区域的功能协调和可持续发展得到综合满足的前提下，土地利用现状与保证最大效益和最集约利用状况之间的差异。本书在分析自然资源、生态环境和社会经济等方面约束的基础上，构建省域建设用地开发利用潜力评价指标体系，开展评价工作，这对优化省域建设用地空间开发布局具有重要的理论和现实意义。

本书是依托“十二五”国家科技支撑计划重点项目“国土空间利用的约束条件识别与动态潜力评估关键技术”开展的研究，课题立足于国土空间利用，以省域为研究对象，以服务于省级国土规划编制为目标，通过开展国土空间利用的约束条件识别技术与可信度评价技术研究，开展农用地动态生产潜力评价、建设用地开发潜力评价、国土资源空间利用综合评价等研究，构建国土空间利用的约束条件识别和可信度评价模型，建立动态土地生产潜力评价指标体系和评价模型、建设用地开发利用潜力评价模型、国土资源空间利用综合评价模型，形成国土空间利用的约束条件识别与动态潜力评估系统，在湖南省进行示范应用，为省级国土规划开展相关工作提供实用技术。

1.1.2 研究意义

1.1.2.1 理论意义

目前学者对城市土地潜力评价和城市土地集约潜力评价的研究比较多，而对区域建设用地开发利用潜力评价的研究比较少，已有的文献缺乏对潜力影响因素的深入研究。有学者将潜力的影响因素分成潜力类和限制类，但是在评价方法上没有体现出指标存在的差异，仅从量上进行区分，而没有体现出指标间质的差异。从研究尺度来看，省域的研究相对较少，研究省域建设用地潜力的更少。本书以省域为研究尺度，以区县为评价单元，通过文献梳理、比较和分析，界定了建设用地开发利用潜力的内涵和来源，从土地可持续利用的角度出发，分析建设用地开发利用潜力的限制条件，细化建设用地开发利用潜力的影响因素，考察评价因素的影响方向和影响强度，对正向和负向、刚性和弹性因素进行了区分。通过文献梳理、比较和分析，从木桶原理和约束理论出发，提出了建设用地开发利用约束条件、建设用地开发利用潜力的概念，在此基础上构建了约束指标体系和评价模型，丰富和完善了建设用地潜力评价体系，具有一定的理论意义。

1.1.2.2 现实意义

2017年，国务院公布了《全国国土规划纲要（2016—2030年）》，为了落实全国国土规划纲要的内容，在“十三五”规划期乃至更长时间，省级和区域级国土规划编制工作将全面展开。建设用地开发利用潜力评价是确定国土规划的基础。本书以省域为研究尺度，从约束的角度出发，构建了建设用地开发利用潜力约束指标体系和评价模型，以湖南省为例进行了实证研究，为省级国土规划编制提供了依据，对促进经济社会协调可持续发展有重要的现实意义。

本书在分析湖南省社会经济、资源环境和土地利用现状的基础上，研究了湖南省建设用地存量潜力和增量潜力的限制因素，并分别构建了约束指标体系和评价模型，运用GIS（地理信息系统）技术对湖南省建设用地开发利用潜力进行了评价，得出湖南省建设用地开发利用潜力的类型和空间分布。在此基础上提出了湖南省“一核三区，两横两纵”的建设用地开发利用布局，为湖南省进行存量建设用地挖潜和增量建设用地合理开发提供了依据。

建设用地在开发利用过程中会产生一些生态环境和经济社会问题。因此开发利用建设用地必须从可持续发展的角度出发，分析影响因素，研究其对建设用地开发利用潜力的影响方向，充分认识约束条件和约束条件的临界值，保证建设用地开发利用潜力评价的科学性，促进社会经济的可持续发展。

1.2 研究对象的界定

1.2.1 建设用地

建设用地是指通过工程手段，为人类生产、生活和社会经济活动提供操作场地和建筑空间的土地。本书根据国土资源管理部门对土地的分类来界定建设用地包含的类型。

2010 年颁布的市、县、乡三级土地利用总体规划编制规程，指出建设用地包括城乡建设用地、交通水利用地和其他建设用地。城乡建设用地包括城镇用地、农村居民点用地、采矿用地、其他独立建设用地。交通水利用地包括铁路用地、公路用地、民用机场用地、港口码头用地、管道运输用地、水库水面、水工建筑用地。其他建设用地包括风景名胜设施用地、特殊用地、盐田。

本书从省域角度出发评价多种约束条件下区域建设用地的总潜力。其中可开发利用的建设用地包含两种类型：一是将农用地、未利用地等转化为建设用地，即增量建设用地；二是已开发建设用地中由于经济发展、地价上升而可以增加建设密度或强度的地区，即存量建设用地，包括城镇建设用地和农村居民点用地。

1.2.2　建设用地开发利用潜力

1.2.2.1　建设用地开发利用潜力的内涵

“潜力”一词在字典中的解释是“潜在的力量”。本书中的建设用地开发利用潜力是指在现有经济技术条件和制度要求下，在自然资源、生态环境和社会经济等多种约束条件下，当前的土地开发利用水平与达到最佳开发利用状态之间的差距，是土地开发利用现状与建设用地最优开发利用状况之间的差距。

省域建设用地开发利用潜力的研究主要是为了提出土地开发战略、优化土地利用结构和提出挖掘存量土地潜力的措施，因此省域建设用地开发利用潜力的研究要依据省域土地利用特点，结合土地分类、土地利用现状来开展。

根据对建设用地开发利用潜力内涵和潜力来源的梳理和分析，将区域土地分成禁止开发建设用地、已开发建设用地和可开发建设用地三类，其中已开发建设用地是建设用地存量潜力的来源，可开发建设用地是建设用地增量潜力的来源。存量潜力主要来源于城镇建设用地、农村居民点用地的节约集约利用，增量潜力来源于其他农用地和未利用地的开发，如图1－1所示。

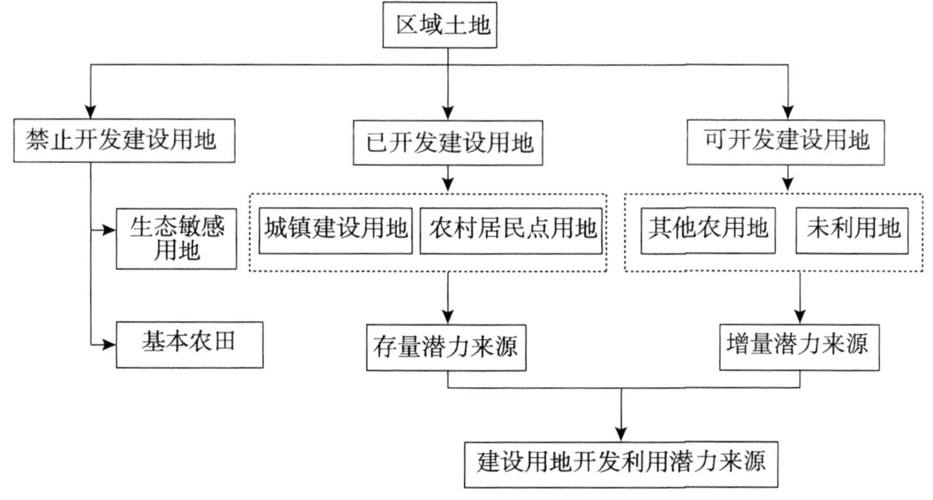

图1－1　省域建设用地开发利用潜力来源

1.2.2.2 建设用地开发利用潜力的基础

土地的开发是有一定限度的，过度开发利用土地导致大量的环境和社会问题，因此本书中的建设用地开发利用潜力是在多种约束下的潜力，是以保护生态环境安全和保障居民生活质量为前提的潜力。用社会经济、生态环境安全、资源禀赋来综合评价一个地区建设用地开发利用潜力的大小，从这个角度研究建设用地开发利用潜力是土地的集约、适宜及可持续利用的合理性要求。

从集约利用的角度看，建设用地潜力的挖掘应该在协调和持续利用的基础上遵循物尽其用的原则，在保证土地生态环境安全的基础上，提高土地利用效率和开发利用强度，发挥最大经济效益，防止土地的闲置和浪费。

从适宜性角度来看，建设用地潜力挖掘的基础是适宜性，建设用地开发利用要考虑保障建设用地开发的工程地质安全性。

从可持续利用的角度看，要求建设用地开发利用在保证生态环境安全、保障居民生活质量的基础上进行。土地开发利用与经济社会以及生态环境等系统具有紧密的联系，土地开发利用要在保障经济发展、生态环境安全的基础上，实现经济社会、生态效益的协调统一。

1.2.2.3 建设用地开发利用潜力评价的特征

（1）时空动态性

土地是自然资源的一部分，随着自然环境的不断变化，土地资源也是不断演变的，这与它的自然特征相关。另外，土地受社会经济活动的影响，在这个过程中土地利用状况也是不断变化的，这与土地的社会经济属性有关。同时，影响建设用地开发利用的因素也是变化的。所以，建设用地开发利用的潜力评价结果具有时效性。

（2）空间层次性

在不同的空间尺度上，建设用地开发利用的影响因素和约束条件是不同的，因此建设用地开发利用评价考虑的因素也不同：宏观层次的潜力评价主要研究影响建设用地开发利用总体水平的因素；微观层次的潜力评价主要考虑影响土地资源和土地利用本身的因素。因此潜力评价选取的指标也有差异。

(3) 区域差异性

土地位置是固定的，它受到一定区域的自然条件和社会经济因素的影响，具有不同的土地资源特点，因此建设用地的开发利用也在区域内形成各自的特点，如生态敏感地区多用于旅游开发，地势平坦、土地承载力强的地区适合规模开发。

1.2.3 建设用地开发利用潜力的约束条件

字典中对“约束”的解释是限制使不越出范围。本书结合木桶原理和约束理论引出约束的概念，约束就是我们通常所说的瓶颈或限制。

自然资源、生态环境、社会经济等因素在一定条件下是建设用地开发利用的基础和支撑，在某些条件下却会制约建设用地的开发利用。从资源环境保护和土地可持续利用的角度出发，本书分析了这些因素对建设用地开发利用的限制。

本书中的建设用地开发利用潜力约束条件是指对建设用地开发利用潜力起限制作用的各种因素，包括自然资源、生态环境、社会经济和政策制度等。按照影响因素对建设用地开发利用潜力的限制程度可将这些约束条件分成刚性约束条件和弹性约束条件。

刚性约束条件是指限制因素中影响严重的制约因素。以建设用地开发利用潜力为例，刚性约束条件决定建设用地开发利用潜力的有无，其“约束”是“绝对”的约束。弹性约束条件是指对建设用地开发利用潜力起一般限制作用的制约因素，这些因素影响开发利用潜力的大小，其“约束”都是“相对”的约束。

1.3 研究方法与研究思路

1.3.1 研究方法

本书以目前国内外土地开发利用潜力评价的相关理论和评价方法为基础，

综合运用文献回顾法、调查研究法、GIS 技术方法等，采用定性分析与定量分析相结合、理论研究与实证研究相结合的研究方法。

（1）文献回顾法

通过文献及课题资料的收集，总结梳理建设用地开发利用的内涵和来源、建设用地开发利用的约束条件、建设用地开发利用的研究尺度和建设用地开发利用潜力评价的指标体系和评价方法。

（2）调查研究法

选取典型地区作为研究的实例，到典型地区进行实地调研，收集数据，了解典型地区的资源分布、生态环境和经济社会概况，为约束指标的选取和建设用地开发布局提供基础。

（3）GIS 技术方法

本研究借助地理信息系统软件对基础数据进行存储、转换，在此基础上进行空间分析，将土地开发利用潜力评价方法与 GIS 技术手段相结合，为建设用地开发利用潜力评价与分析、建设用地开发利用布局和分区提供技术支持。

（4）定性分析与定量分析相结合

上地是一个复合系统，受到多种因素的影响，亦反作用于其他因素，需要采用定性分析与定量分析相结合的方法进行研究。

（5）理论研究与实证研究相结合

本书从理论分析入手，以可持续发展理论、生态经济理论、人地关系理论、约束理论等为指导，分析建设用地开发利用潜力的影响因素和约束条件。以土地评价理论为指导，结合湖南省实际情况，构建了建设用地开发利用潜力评价指标体系；结合国土空间布局理论和湖南省实际情况，对建设用地开发利用潜力进行实证分析，开展了建设用地开发布局研究。

1.3.2 研究思路

本书的具体研究思路如图 1－2 所示。

基础理论
评价模型
数据处理
潜力评价
布局导向
评价目的的确定
省域建设用地开发利用潜力
国土开发布局
建设用地
建设用地开发利用潜力
建设用地开发利用潜力约束条件
基本概念
文献综述
潜力内涵与来源
潜力研究尺度
潜力约束条件
评价指标体系
潜力评价方法
基本理论
可持续发展理论
生态经济学理论
人地关系理论
约束理论
指标体系
自然资源约束
生态环境约束
社会经济约束
政策制度约束
评价方法
极限条件法
综合指数和法
GIS技术方法
数据调查、收集、整理
自然属性数据
空间数据
确定工作底图
数据净化、标准化
指标分级量化、指标分级图
定性分析
定量分析
综合潜力分值
潜力等级划分
潜力评定
建设用地开发利用布局
建设用地开发利用模式

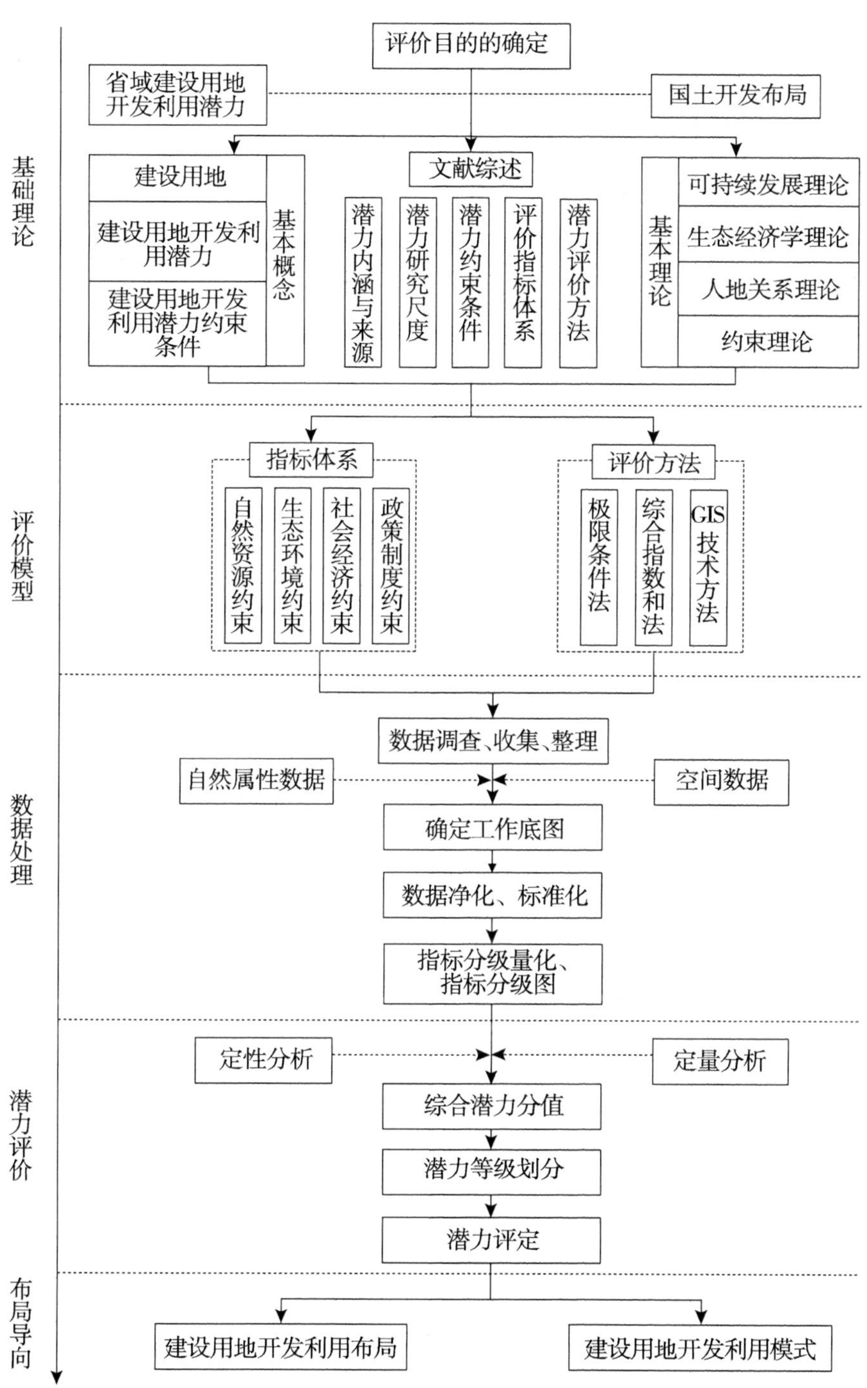

图 1-2 本书研究思路

1.4 研究的创新与不足

1.4.1 研究的创新

(1)开展了基于多约束的省域建设用地开发利用潜力评价和布局导向的系统研究

深入分析了建设用地开发利用的影响因素，考察影响因素的影响方向和影响强度，对正向、负向和双向影响因素以及刚性和弹性影响因素进行了区分，在此基础上构建了基于多约束的省域建设用地开发利用潜力评价指标体系。以省域为空间尺度，以区县为评价单元，从宏观尺度上界定了建设用地开发利用潜力的概念和来源，结合建设用地分类和土地利用情况将区域建设用地分成禁止开发建设用地、已开发建设用地和可开发建设用地三类。其中，已开发建设用地中的城镇建设用地和农村居民点用地、可开发建设用地中的其他农用地和未利用地作为省域建设用地开发利用潜力评价的对象，即建设用地开发利用存量潜力评价和建设用地开发利用增量潜力评价的对象。结合研究目的，本书选用综合指数和法与极限条件法，开发了基于多约束的省域建设用地开发利用潜力评价模型，并对湖南省122个区县进行了实证研究，提出了湖南省“一核三区，两横两纵”的建设用地开发利用总体布局。

(2)构建了“双向”和“四位一体”的基于多约束的省域建设用地开发利用潜力评价指标体系

本书从建设用地开发利用的约束角度出发，深入分析影响因素的影响方向和影响强度，构建了基于多约束的省域建设用地开发利用潜力评价指标体系。评价指标体系的基本框架分为目标层、准则层、因素层和因子层。目标层为省域建设用地开发利用潜力测算；准则层由刚性和弹性“双向”约束指标构成；因素层由自然资源、生态环境、社会经济和政策制度“四位一体”的约束指标构成；因子层由相应的评价指标构成。

(3) 开发了基于多约束的省域建设用地开发利用潜力评价模型

本书在对土地开发利用潜力评价方法进行比较的基础上，结合研究目的，开发了基于多约束的省域建设用地开发利用潜力评价模型。

(4) 提出了湖南省“一核三区，两横两纵”的建设用地开发利用总体布局、“精明增长+集约高效”的建设用地开发利用新模式和建设用地开发利用的类型

本书以区域布局理论为基础，以湖南省建设用地开发利用潜力评价结果为依据，提出了湖南省“一核三区，两横两纵”的建设用地开发利用总体布局。“一核”是指长株潭城市群；“三区”是指环洞庭湖区、湘中南区、大湘西区；“两横”是指湘北发展轴、湘中南发展轴；“两纵”是指湘东发展轴、湘西发展轴。在分析湖南省建设用地现有开发利用模式的基础上，提出了“精明增长+集约高效”的建设用地开发利用新模式；根据湖南省建设用地开发利用潜力评价结果和湖南省社会经济情况，确定了不同区域新增建设用地适度开发、限制开发、禁止开发，存量建设用地重点挖潜、限制挖潜、禁止挖潜的开发利用的类型。

(5) 提出了省域建设用地开发利用的保障机制

加强土地评价和土地利用规划管理，加强土地调查和评价，实时掌握变化数据，为决策提供可靠的信息，依据土地利用规划，指导建设用地开发利用；加强经济手段和市场机制的作用，转变土地利用方式，鼓励和引导土地集约利用，挖掘存量土地潜力，控制新增建设用地的规模；增强技术手段在土地利用中的作用，将先进技术手段用于土地的调查、监测管理上，提高土地管理的现代化水平；构建土地管理新机制，促进土地管理工作科学发展。

1.4.2 研究的不足

本书分析了自然资源、生态环境、社会经济、政策制度对建设用地开发利用的限制，但是对于约束发生机制还需要进行深入研究，以合理界定约束指标的阈值。社会经济约束指标阈值的确定，需要结合特定时期、特定地区，以及特定应用目的进行深入研究。

在省域研究尺度上选取评价指标，需要进一步与微观研究尺度进行区分，突出研究的概括性、战略性。

由于数据等方面的原因，在建设用地开发利用潜力评价研究中，尚有部分约束因素没有被考虑，评价结果的科学性和合理性有待进一步研究和验证。今后，随着指标数据库的不断更新和完善，研究将更加深入。

第 2 章　文献综述

2.1　建设用地开发利用潜力的内涵和来源相关文献

2.1.1　建设用地开发利用潜力内涵相关文献

由于立足点和研究范围的不同，学界对建设用地开发利用潜力的概念并没有形成统一的观点，主要的研究成果如下。

《省级主体功能区划分技术规程》中提出了可利用土地资源的概念。可利用土地资源是指可作为人口集聚、产业布局和城镇发展的后备适宜建设用地。刘鹏等（2011）依据可利用土地资源的概念，指出建设用地资源评价是通过对建设用地的自然、经济属性的综合考核，评价一个地区剩余或潜在可利用建设用地资源对未来人口集聚、工业化和城镇化发展的承载能力，并提出了建设用地资源包括新增建设用地和存量建设用地两种类型。原杰（2011）对可利用土地资源进行了分析和重新界定，提出了“可建设用地”的概念。上述提到的可利用土地资源、建设用地资源和可建设用地虽然表述不同，但内涵是一致的，都是从宏观尺度研究区域建设用地总潜力。

土地利用潜力的内涵可从经济社会和生态环境角度界定。欧雄等（2007）指出城镇土地利用潜力可以从广义和狭义两个角度来理解，从广义角度来说，城镇土地利用潜力应该包括社会、经济和环境三个方面，从狭义角度来看，城镇土地利用潜力主要是土地利用结构和土地利用强度等“经济潜力”的度量。张晓玲等（2007）从广义的角度出发，指出可以从社会、经济和环境三个方面界定土地利用潜力的概念。有很多学者从狭义角度出发，只突出土地利用的经济潜力。

对建设用地潜力的评价研究主要集中在城市土地潜力方面，很多学者从不同的角度对城市土地潜力内涵进行了界定。刘琼（2007）根据对城市土地市场运行及土地利用规律的分析，指出城市土地潜力包括规模和密度两个方面。也有学者在城市土地集约利用研究的基础上提出了城市土地潜力的概念。陶志红（2000）将城市土地利用潜力内涵界定为现在的城市土地利用与土地达到理想利用之间的差距。也有学者认为城市土地潜力是综合考虑自然、经济、技术和规划的限制下现有土地容量与特定时期内可能达到的最佳土地容量的差距。

2.1.2 建设用地开发利用潜力来源相关文献

对于建设用地开发利用潜力来源，学者的观点也不一致。对可利用土地资源的来源，大部分学者根据《省级主体功能区划分技术规程》进行了描述。也有学者根据研究区域的实际情况进行了相应扣除。刘鹏等（2011）认为建设用地资源包含两种类型：新增建设用地，存量建设用地。罗晓燕等（2011）指出全部可利用建设用地资源包括两种类型：一类是存量建设用地，具体包括未利用的规划建设用地；另一类是新增建设用地，包括可能调整改造的国有和集体的存量建设用地。

张翠丽（2008）提出区域土地潜力来源于存量和增量两个方面，据此进行了城镇建设用地、农村居民点用地、交通用地、未利用地潜力的评价，即区域建设用地总潜力的评价。林胜（2010）根据建设用地类型的不同，将潜力来源分成四个方面：城镇用地集约利用潜力、农村居民点用地节约和集约利用潜力、独立工矿用地节约和集约利用潜力与交通运输用地节约和集约利用潜力。徐勇等（2010）指出可利用土地资源来源可以分为挖潜可利用土地资源、调整可利用土地资源和剩余可利用土地资源。叶玉瑶等（2008）从适合城乡发展建设的视角来分析，将珠江三角洲地区土地划分为难建设利用与不宜建设利用的土地、禁止建设利用的土地、适宜建设利用的土地，将适宜建设利用的土地中还没有开发建设利用的土地作为建设用地开发利用极限。雷诚（2009）将土地潜力来源分为结构潜力、强度潜力、隐含潜力、区域条件潜力和宏观经济潜力五个方面。方光亮等（2012）针对芜湖市的情况指出未利用土地、已有建设用地潜力挖掘以及用地调整是可利用土地资源的三个来源。

章其祥等（2004）在分析南京市城市土地利用现状的基础上，指出南京市主城区土地利用的内在潜力为结构潜力、强度潜力和经济潜力。刘琼等（2007）按形成机制的不同，将城镇建设用地潜力划分为城市边界扩张中的潜力和城市住宅密度提升中的潜力。张莉等（2006）从增强土地供给的角度，指出我国现有城镇土地资源的潜力主要来源于城镇存量土地利用潜力、城镇土地利用强度潜力和城镇土地利用结构潜力三个方面。王广杰等（2005）根据土地利用潜力类型的不同，将城市土地利用潜力分为两类：横向潜力与纵向潜力。

对于建设用地开发利用潜力来源，学者们主要从建设用地结构、强度、增量和存量几个方面开展研究。微观评价尺度主要从建设用地属性进行研究，宏观评价尺度则多从国土部门的用地分类标准来进行分析。

2.2　建设用地开发利用潜力的约束条件相关文献

2.2.1　资源环境约束相关文献

有关土地潜力影响因素的研究较多，但是从建设用地开发利用的约束条件角度出发，对建设用地潜力中限制性因素进行研究的较少。目前已有的研究中关于自然资源、生态环境、政策制度三个方面限制性因素研究比较多，而对社会经济和技术水平方面的限制性因素研究很少。李玲等（1999）认为，要从经济、环境、社会等各个方面来评价一个区域的土地利用是否合理。

孙伟（2008）将自然生态条件和资源环境状况作为区域土地开发利用的约束条件，提出了基于自然生态约束的滨湖城市土地利用分区方法。陈雯等

（2012）选择地质环境不安全区、大型盐田以及生态湿地作为敏感因子，对曹妃甸滨海新区建设用地地质环境适宜性进行了评价。薛松等（2011）根据对城市建设用地扩展作用性质的不同，将因子分为阻力因子和潜力因子两类。阻力因子就是对城市建设用地扩展起到限制作用的因子，其中自然生态因子包括地形、水域、植被、农田、水土流失、自然保护区等。宗跃光等（2007）在评价建设用地适宜性中将高程、坡度等5个自然生态因子作为生态限制因子。钱乐祥（1996）等以福建省漳州市芗城区为例进行城镇建设用地适宜性评价，研究中选择了9个与城镇建设有关的自然因子作为建设用地适宜性的主要限制因素。

李亚奇等（2010）根据生态保护的目的以及规划区本身环境特点，按照对建设用地扩展作用性质的不同，将因子分为两大类，即建设经济性因子和自然生态因子。李猷等（2010）指出既要考虑建设用地适宜性评价中的基本限制因素，还要考虑对城市用地安全性和持续利用性具有突出影响的限制条件和特殊因素，根据实地考察情况，将耕地持续利用和生态敏感区（风景名胜区与自然保护区）保护作为丹东市未来城市发展的重要限制因素。曲衍波等（2010）指出，自然生态状况对建设用地潜力制约性最大，因此在评价过程中，生态适宜性指标为重要指标，水域、自然保护区及基本农田保护区等均被限制用作建设用地。

段学军等（2009）在进行建设用地的优化配置研究中，从生态—经济综合的视角，将生态空间约束性和农业空间约束性作为评价建设用地潜力的约束性条件。张东明等（2010）选取生态安全因子作为城市开发建设活动的限制条件。葛丹东等（2009）在评价山坡地城镇建设中，将工程安全和生态安全作为刚性约束条件。

2.2.2 其他约束相关文献

有学者关注到政策和技术因素对建设用地开发的影响。钮心毅等（2007）以山东省广饶县为例，提出了以政策为评价因素的用地适宜性评价方法，将“环境底线”政策和“生态优先”政策作为禁止建设用地管制政策。周连义等（2010）选取对建设用地开发利用有影响的自然因素、社会因素、政策因素等 8 个因素对大连进行了评价。杜文等（2008）不仅考虑建设用地自然属性和人为因素的约束，还考虑了经济属性、生态属性以及管理政策和管理技术等因素。

2.3　建设用地开发利用潜力研究尺度相关文献

从研究尺度上来看，相关文献主要分为宏观、中观和微观。

2.3.1　宏观尺度相关文献

目前，省域尺度建设用地开发利用潜力研究主要包括可利用土地资源、城市土地潜力、农村居民点用地整治潜力这三个方面。汤青等（2010）根据《省级主体功能区划分技术规程》的要求，评价了山西省后备建设用地开发利用潜力的数量结构和空间特征。张起明等（2011）根据《省级主体功能区划分技术规程》，对江西省可用于建设的后备土地资源进行了评价。侯秀娟等（2009）结合辽宁省的实际情况，对《省级主体功能区划分技术规程》的技术方法进行了改进，运用 GIS 技术手段，以辽宁省各县市区为基本评价单元，对辽宁省可利用土地资源进行了综合评价。蔡四平（2013）从城市群核心区可利用土地资源入手，利用 GIS 技术对长株潭城市群核心区可利用土地资源的相对量和绝对量的数量结构及空间分布进行了评价。

刘殿成（2004）分析了山东省农地生产潜力、建设用地集约潜力和土地后备资源开发潜力，在此基础上提出了土地资源开发利用战略。郭爱请等（2006）以河北省城市土地集约利用潜力评价为例，从宏观上设计了一套适合全省城市土地集约利用潜力评价的指标体系，并且根据城市的不同规模，采用不同的标准确定指标的合理值。曹秀玲等（2009）在对农村居民点内涵和来源分析的基础上，以县级行政区为基本单元，采用多指标综合评价法对河北省农村居民点整理潜力进行了评价分级。黄志英等（2006）以河北省 143 个市县为研究对象，运用综合评价方法，建立了城市土地集约利用的评价指标体系，确定了指标合理值标准，对河北省各县市的土地集约利用潜力进行了评价。

2.3.2 中观尺度相关文献

从中观尺度对建设用地开发利用潜力的研究比较薄弱。吴壮金等对广西壮族自治区北部湾经济区城市的土地集约利用水平进行了评价。王广杰等（2005）在分析城市土地来源、阐述城市土地潜力概念的基础上，构建了城市土地利用潜力评价指标体系和土地利用强度数学模型，对德阳市城市土地利用潜力进行了评价。张晓玲等（2007）运用主成分分析法以中国 20 个城市为地域研究单元，对中国城市土地利用潜力水平进行全面测量和比较。方光亮等（2012）对芜湖市可利用土地资源进行了评价。叶玉瑶等（2008）对珠海市土地利用极限进行了研究。张翠丽等（2008）对辽阳市土地开发利用潜力进行了评价。

2.3.3 微观尺度相关文献

微观尺度的研究主要是县、市区、乡镇、开发区、功能区、宗地尺度的研究，同样集中在城市建设用地潜力方面，章其详等对南京市主城区土地利用潜力进行了评价。欧雄等（2007）以广州市天河区为例，运用 GIS 技术进行了城镇土地利用潜力评价研究。杨大兵等（2009）采用多因素综合评价法对唐山市中心区土地利用潜力进行了评价。郑新奇等（2005）对济南市城区宗地进行了集约评价，提出了理想值修正模型。陈竹安等（2011）运用多因素综合评价模型，对江西东乡区 8 个典型农村居民点的土地集约利用和农村居民点整理潜力进行了测算。翟文侠（2006）等以江苏省 18 个典型城市开发区为例，构建了城市开发区土地集约利用潜力评价指标体系，运用聚类分析和主成分分析法，对城市开发区土地集约利用潜力进行了评价。马刚等（2005）以南京市江南主城区为例，构建了城市土地潜力评价模型，利用 GIS 技术的空间分析功能对城市可利用土地的数量、质量和空间分布进行了研究。

2.4 建设用地开发利用潜力评价指标相关文献

2.4.1 基于研究尺度的不同而选取指标之相关文献

构建评价指标体系是开展评价的基础，也是决定评价合理与否的关键环节。学者们从不同研究尺度来选取评价指标。

有的学者认为要从不同空间层面构建评价指标体系，评价指标体系的构建与其评价目的和评价尺度密切联系。洪增林和薛慧锋（2006）认为，研究尺度的不同直接影响评价指标的选取。宏观尺度的潜力评价强调区域整体效益的提升，多从社会、经济与生态环境三个方面来考虑指标选取。张晓玲等（2009）从经济、社会、生态环境三个方面构建了评价指标体系，对中国 20 个城市土地利用潜力水平进行了评价。有的学者指出，进行宏观尺度的评价指标选取应该从整个城市的角度出发。龚义等（2002）认为，进行中观尺度的研究应该从功能区出发构建评价指标体系。微观尺度的评价以宗地为研究对象，主要根据宗地的内部特征来构建评价指标体系。

2.4.2 基于建设用地来源的不同而选取指标之相关文献

存量建设用地和增量建设用地开发的影响因素不同，因此选择的指标体系也不同。存量建设用地开发利用潜力的评价主要选取社会经济指标，而增量建设用地开发利用潜力的评价主要选取自然资源和生态环境方面的指标。

曲衍波等（2010）在剖析农村居民点用地生态位特征的基础上，按照新农村建设的要求，从生态条件、生产条件和生活条件三个方面选取相关指标，对平谷区进行研究，增量建设用地评价指标主要考虑自然条件和生态安全。蔡四平（2013）利用 GIS 技术从城市群核心区可利用土地资源入手，分别从适宜建设用地、已有建设用地、基本农田等指标单要素进行分析与评价。方光亮等（2012）在阐述主体功能区可利用土地资源概念的基础上，结合芜湖市实际情况，提出各指标项并具体给出算法，确定技术流程，然后借助 GIS

技术选取地形地貌、水域条件和土地利用现状进行了评价。

许嘉巍等（1999）认为凡是影响城市建设的土地自然因子都应予以考虑。邓轶等（2009）选择了工程地质如岩土类型、地质承载力、地下水埋深、地下水腐蚀性、地下水水质等作为评价指标。陆洲杰等（2003）针对武汉市具体情况，综合考虑各方面因素，选取了 5 个和城市建设有关的自然因素进行武汉城市建设用地适宜性综合评价，这 5 个因素分别为地质承载力、平均高程限制、地震烈度、地下水埋深、洪水频率。孙华芬等（2008）针对研究区域的具体情况，综合考虑各方面因素，选取了 7 个和城市建设有关的自然因素作为评价因子。郭欣欣（2007）在对影响南京浦口新市区建设用地适宜性的因素进行全面分析的基础上，选取工程地质、地形地貌、水文气象、人为影响、区位条件作为评价因子。尹海伟等（2013）以济南市为例，选取生态环境、可达性、地形三类因子共 7 个指标构建了建设用地适宜性评价的指标体系。马泽忠等（2006）指出城镇建设用地规模的大小应与人口规模、产业规模、经济规模相适应，同时受土地使用条件、地形地貌等自然条件的限制，选择了地貌条件、地质水文条件、社会经济条件作为影响建设用地扩展范围的因素。

我国城市化进程中暴露出来的生态问题越来越多，随着人们对土地系统认识的加深，学者开始选取自然、生态、社会经济因素作为评价因子。杨雯婷等（2011）选取自然因素、社会因素、生态因素作为建设用地适宜性评价的影响因素。于少康等（2011）指出在建设用地适宜性综合评价中，应充分考虑建设用地的工程地质要求和社会经济、自然、生态等条件。齐怒涛（2009）选取土地的自然（地面坡度、地面高程）、社会经济和生态环境属性的因子，作为建设用地适宜性评价因子。

2.5 建设用地资源潜力评价方法相关文献

建设用地资源潜力评价方法常用的有多因素综合评价法、层次分析法、极限条件法、模糊综合评价法、BP（反向传播）人工神经网络模型、主成分分析法和 GIS 技术方法。

刘鹏等（2011）利用 GIS 技术采用“筛选与潜力评价相结合”的方法完成了可利用建设用地资源潜力评价实验和方法验证过程。在可利用建设用地资源潜力评价的其他研究中，很多学者也采用了 GIS 技术方法。汤青等（2010）根据后备建设用地提取规则和计算公式以及 GIS 技术，对山西省后备建设用地潜力进行了评价研究。原杰（2011）提出“可建设用地”的基本概念，运用 GIS 技术研究测算辽宁省的“可建设用地丰度”。陈丽红等结合 GIS 技术方法和多层次模糊综合评判的处理方法，对甘肃省后备建设用地的丰度、质量特征及综合属性进行了全面的分析。

郭文等（2012）对长株潭城镇土地利用潜力进行评价，采用加权求和的综合评判法计算各市（县）城区土地利用潜力综合水平。李志伟（2006）应用多因素综合评价法评价石家庄市土地集约利用潜力。陈志强等（2006）采用多因素综合评价法对重庆市渝北区进行了城镇土地集约利用评价。

陈鸥（2004）运用极限条件法对长春市土地利用状况进行了潜力评价。张波（2002）选取极限条件法和区域分值法对济南市土地集约利用状况进行了评价。

宋戈等（2008）将层次分析法与熵值法结合对伊春市土地集约利用状况进行了研究。赵小风等采用基于遗传算法的层次分析法对江苏省工业行业以及江苏省开发区工业用地进行了研究。程效东等（2004）运用层次分析法，对马鞍山市的土地集约利用潜力状况进行了宏观评价。

李焕等（2011）采用 BP 人工神经网络模型对浙江省开发区土地集约利用情况进行了评价。王力等（2007）采用 BP 人工神经网络模型对石家庄市土地集约利用潜力进行了评价。朱红梅等（2009）运用 BP 人工神经网络模型对长沙市土地集约利用状况进行了研究。

吴奇峰等分别运用模糊综合评价法和经济容积率法对长春市土地利用潜力进行了评价。何芳（2003）运用模糊综合评价法对东营市中心城区土地集约利用状况进行了评价。王金地等（2008）运用模糊综合评价法进行了扬州市土地集约利用潜力评价。

2.6 文献评述与研究方向

2.6.1 文献评述

（1）研究内容

目前，对区域建设用地开发利用总体潜力的研究较少，而对不同的建设用地即城市土地、农村居民点用地、后备建设用地开发利用潜力的研究较多。

研究内容主要集中于潜力的测算，而关于潜力质量和结构的内容很少；缺乏对潜力概念、潜力来源和潜力形成机制的研究，理论基础薄弱，缺少对相关原理的借鉴。

评价指标体系缺乏统一的标准。这些问题的核心在于目前的研究尚未形成系统的理论体系。对潜力影响因素的研究较多，而对潜力约束条件的关注较少。

对在不同研究尺度上、不同研究目的下体现指标的侧重点和特色的研究不足，另外，对指标选取的流程和指标阈值的确定研究得较少。

（2）研究尺度

从空间尺度来说，现有研究大部分集中在对城市、开发区宗地的研究上，即微观和中观尺度上，而宏观尺度方面的研究较少。宏观的建设用地潜力评价主要集中在可利用土地评价方面。

从时间尺度来说，现有研究多选用截面数据来评价土地潜力，利用时间序列数据的较少。

（3）研究方法

对于建设用地潜力的研究多采用多因素综合评价法、GIS 技术方法、层次分析法，而在多种方法的结合使用、发挥多种方法综合优势方面的研究较少。

2.6.2 研究方向

本书从宏观尺度出发，以省域为研究对象，以区县为评价单元，评价建设用地开发利用潜力，体现出宏观研究尺度在指标体系构建、方法选择上的侧重点，开展实证研究，为实践提供借鉴。

完善和丰富建设用地理论及概念体系，分析建设用地潜力形成机制，明确建设用地开发利用潜力的概念及来源。

对建设用地开发利用潜力的评价方法进行优化，将“3S”［GIS、RS（遥感系统）、GPS（全球卫星定位系统）］技术与传统的潜力评价方法相结合，发挥空间信息技术在数据采集、数据存储、空间分析和数据可视化方面的优势。

在湖南省开展建设用地潜力评价实证研究，使评价成果得到应用，发挥评价的现实作用。建设用地的开发利用会影响到社会经济和生态环境的诸多方面，同时受到很多因素的制约，因此在构建建设用地潜力评价模型时，综合考虑社会、经济、生态环境效益，根据研究区域的实际情况选择评价指标、确定指标阈值。

第3章　基础理论

3.1　可持续发展理论

3.1.1　可持续发展理论的提出

从第一次工业革命到20世纪50年代，经济不断发展，但是也带来了生态环境污染、资源大量消耗等问题，这些问题的出现使人们开始反思发展的模式。

20世纪60年代至70年代初，人类开始关注人与自然的关系，进入20世纪80年代，随着对人与自然资源、生态环境研究的深入，人们意识到要保证健康发展，必须改变生产和消费模式，解决人类与资源、环境的矛盾，走可持续发展的道路。20世纪以来，人口迅速增长，经济快速发展，资源几近枯竭和环境不断恶化等问题出现，可持续发展理论就是在这种背景下提出来的。

1962年，蕾切尔·卡森在《寂静的春天》一书中提出了人类活动对自然环境造成的危害，标志着人类关心生态环境问题的开始。1980年，《世界自然保护大纲》提出了发展和生态环境之间相互联系、相互作用的关系，这是可持续发展观的初步建立。1982年，在肯尼亚首都内罗毕召开的纪念联合国人类环境会议十周年特别会议上，提出了可持续发展的概念。这是可持续发展思想形成的又一个里程碑，为可持续发展思想的形成奠定了基础。1992年6月，在联合国环境与发展大会上，人们根据人类面临的环境问题签署了5个文件，同时提出了新的科学发展观，就是保证人类生存、保护地球、保护环境与协调发展。从此人类对环境与发展有了认识上的提高，人类不再单纯追求经济增长，开始关注生态环境问题。

3.1.2　可持续发展理论的内涵

有关可持续发展的定义，不同领域有不同的理解，研究者不同，角度不同，给出的定义也不相同。虽然各个学科从不同的角度对可持续发展的概念与内涵做了定义与补充，但其本质上基本趋于一致，都趋同于 1987 年世界环境与发展委员会的报告《我们共同的未来》中对可持续发展的定义："既满足当代人的需要，又不对后代人满足其需要的能力构成危害的发展"。这一定义既体现了可持续发展的本质，又消除了不同学科之间由于角度不同而产生的分歧。这一定义强调社会、经济、生态环境的协调。可持续发展的目标是满足人类需求，这意味着经济的增长、人们生活质量的提高以及社会的进步要以生态可持续发展为基础；强调发展不应以牺牲环境为代价，人类的行为活动要受到约束，要正确处理社会、经济、环境和自然资源的关系。

可持续发展是建立在资源环境承载能力基础上的发展方式，体现了社会、经济、自然环境、技术、文化多种因素，强调协调发展。可持续发展不是否定经济增长，而是强调不能以牺牲资源环境为代价发展经济，在发展经济的同时注重对资源环境的保护，在生产优化的过程中促进生态环境的改善。

可持续发展强调资源环境的承载能力。社会经济的增长不是没有限度的，它不能超过资源承载范围和环境容量。经济的增长、人口的增长和集聚、产业的发展都要以资源、环境为基础，应该在其承载范围内进行。一旦超越了这一承载范围，经济社会发展将受到制约，甚至影响到人类的生存。

可持续发展强调人类的全面进步。发展不仅是经济增长，更强调人类生活质量的提高、社会环境的改善、生态环境的保持，可持续发展包括生态的持续、社会的持续以及经济的持续，三者协调发展。孤立其中任何一项都会使得发展变得不持续。如果单纯追求经济增长，必然会造成生态破坏及社会混乱，最终导致经济崩溃；如果只追求生态持续，必然会导致经济发展缓慢，那么社会就得不到长足的发展，最终导致环境恶化发展。

3.1.3 该理论对建设用地开发利用的指导

可持续发展强调社会、经济和生态环境三者协调一致。经济发展能够支持生态发展，生态发展能够促进社会发展，社会发展又能引导经济发展，这三者之间相互影响、相互依赖。可持续发展理论强调发展的约束，在适度的发展中实现经济发展与人口、资源、环境的协调统一。可持续发展受到资源、环境的制约，土地利用要在资源、环境承载力范围内，不能突破资源、环境因素的临界值。该理论不仅强调经济发展，更重视发展过程中对环境、资源的保护及社会的全面发展。

可持续发展是对人地关系的正确认识，它始终以人地和谐为主线，探寻人类利用土地的思维变化，人地关系的协同进化，人与自然的发展轨迹，以及人类活动与资源环境承载力的平衡等，通过对土地的合理利用和优化布局，最终达到人地和谐发展。建设用地开发利用应该以可持续发展为指导思想和最终目标。在进行建设用地开发利用的过程中，需要分析建设用地开发利用的约束条件以及确定约束条件的临界值，以保证其在资源环境承载能力范围内进行，从而保障生态安全和社会稳定，保证各种资源的合理使用，避免过度开发、无序开发。要节约与集约利用土地资源，注重与经济社会发展水平相适应的土地挖潜，避免建设用地开发利用中过度追求经济效益、忽视生态效益和社会效益的现象，最终实现社会经济和生态环境的协调发展。

3.2 生态经济学理论

3.2.1 生态经济学的内涵

美国经济学家肯尼斯·鲍尔丁于 20 世纪 60 年代后期，首次正式提出了生态经济学这一概念。生态经济学正式创建，以 1989 年国际生态经济学的 *Ecological Economics*（《生态经济学》）刊物的创办为标志。

生态经济学是从经济学角度研究由经济系统和生态系统复合而成的生态

经济系统的结构、功能及其运动规律的学科。它以生态学原理为基础，以经济学理论为主导，研究自然生态和人类经济社会活动的相互作用，从中探索生态经济社会复合系统的协调和可持续发展的规律。

经济增长与生态环境之间始终存在着矛盾。物质需求是无限的，但是环境的承载范围是一定的，两者之间的矛盾始终存在。在生态环境可承载的范围内进行的经济活动是持续的、稳定的和健康的；如果不重视两者的关系，盲目发展经济，不仅会遏制经济系统的运行，甚至会颠覆整个生态系统。

3.2.2　生态经济学的基础理论

生态经济学研究的是生态与经济的关系，生态与经济两个系统相互作用形成了一个整体，生态经济学的两个基础理论分别是临界理论和平衡理论。

（1）临界理论

临界理论是指生态系统自身拥有一定的调节能力，但这种自我调节能力是有限度的。当人类活动在资源环境承载范围内时，生态系统能够保持平衡，一旦超出了这个临界值，整个生态系统就会发生混乱，它自身的调节能力和平衡都被打破。资源环境承载的限度可以用资源容量和环境容量来描述，两者就是资源与环境的极限承载范围。

（2）平衡理论

一般情况下，生态系统能够保持平衡，生态系统的平衡是相对且有条件的，要求我们在社会经济活动中尊重和利用这些规律，实现两者的协调发展。

3.2.3　该理论对建设用地开发利用的指导

土地是由自然环境和社会经济耦合而成的复合系统，土地是自然资源的一部分，同时是人类活动的主要载体，具有生态与经济两种属性。依据生态经济理论，土地的开发利用不能超过资源容量和环境容量的范围，如果过度开发土地资源，将会导致资源枯竭和环境破坏，生态系统的平衡被打破，生态系统紊乱，进而影响社会经济的发展，甚至威胁到人类的生存。

人类是土地利用的主体，主导着各类因素的发展方向，决定着土地开发利用活动，土地开发利用活动是人类开展的一项能动且可控的活动。人类在建设用地开发利用过程中，应该以生态经济学理论为指导，遵循生态经济规律，科学地运作和控制土地生态经济系统，务必要统筹分析资源环境的承载能力，一切开发要同生态经济系统阈值相协调。只有这样，才能使社会、经济和生态效益同步得到提高，实现土地资源的可持续利用。

3.3 人地关系理论

3.3.1 人地关系理论的提出

人地关系理论研究人类与土地之间的相互关系。关于人地关系的论述自古就有，《周易》中“刚柔交错，天文也；文明以止，人文也”，第一次提出了人文的概念。《礼记·王制》中写道：“广谷大川异制，民生其间者异俗”，在不同的地域会有不同的风俗。荀况在《荀子·天论》中指出“从天而颂之，孰与制天命而用之”，体现了认识规律驾驭自然的思想。管仲在《管子·地员》中写道“地者政之本也，辨于土而民可富”，指出土地是国家的根本，明察土地的性质能够使人民富裕。以上这些都体现了人与土地的关系。

20 世纪 50 年代以来，学者将自然地理作为自然科学来研究，而将经济地理作为社会学来研究，减少了两者之间的联系。到了 20 世纪 70 年代末，李旭旦教授指出只研究生产的布局，不能体现出人们生活的全部，指出了研究人文地理学的必要性。吴传钧研究员回顾了地理学研究领域的历史，阐述人地关系的内涵，指出人地关系也是地理学研究的领域。之后，人文地理学逐步发展起来，20 世纪 80 年代公布的第六个五年计划，将人文地理学作为要加强研究的学科之一。

可见，人们对人地关系的认识自古就有，但直至 20 世纪下半叶人地关系才逐渐成为学术研究的热点和前沿。

3.3.2　人地关系理论的基本原理

（1）土地承载力限制与超越原理

人与土地是相互联系相互作用的，土地承载力是一定的，造成了人类需求与土地生产能力之间的矛盾，但是人类可以通过经济、技术等手段改变土地的利用状态，提高土地的利用效率，从而满足自己的需求。人地关系随着土地承载力的变动而变化。人地关系通过人类依赖土地、人类改造土地、土地利用面临的挑战与人类采取措施应战等形式表现出来，这些关系实际上是土地承载力减弱或增强的各种表现形式，另外人类可以通过经济投入、科技手段的运用等途径来实现土地承载力的提高。该原理为人类利用土地资源，处理两者关系提供了借鉴。

（2）人地关系地域关联互动原理

人地之间是相互影响的，固定在一定地域的土地在自然和人文的相互影响中形成了区域人地关系独特的特点。在不同的时间和空间范围形成了具有差异的人地关系形式。人地关系理论要求人类主动调整两者关系，促进人地关系的和谐发展。

3.3.3　该理论对建设用地开发利用的指导

建设用地开发过程离不开人类活动，人地关系理论就充分体现了这种人类社会活动与自然环境之间相互制约、相互影响，相互适应、协调的作用。在这种相互作用中人类是主体，自然环境是作用的对象，为人类所利用、改造。但自然环境又反作用于人类，影响着人类生产活动，产生地域差异性。土地承载力是有限度的，制约着人类的开发活动，在建设用地开发过程中要研究土地的承载力，分析制约因素的性质和来源。对于建设用地开发利用的绝对限制条件，要予以重视；对于弹性约束条件，可以通过技术和经济手段加以改善。人地关系的协调发展是在社会经济发展的同时，强调自然资源的合理利用、生态条件的改善、环境质量的提高。

3.4 约束理论

3.4.1 约束理论的提出

约束理论是由以色列物理学家、企业管理顾问戈德拉特博士建立起来的生产管理理论。该理论提出了在制造业经营生产活动中识别和消除制约因素的方法，支持连续改进。约束理论的本质就是识别出阻碍目标实现的制约因素并指出如何消除这些约束。

如果没有约束，系统将会无限产出。任何系统都存在着一个或者多个约束，由多个环节构成的系统，其产出率是由生产能力最差的一个环节决定的，这个最薄弱的环节就是所谓的约束，亦即我们通常所说的瓶颈。约束是指阻碍系统实现整体目标的任何因素。任何企业都必然存在着约束，约束的存在限制了企业的产出。阻碍系统实现的因素不是系统内的全部因素，而是其中的个别资源，我们称之为瓶颈资源。

3.4.2 约束理论的核心内容

约束理论的核心内容包括以下两个方面。

一是系统存在各类约束，也可称为资源约束。在生产过程中制造资源（生产资源）起着至关重要的作用，这里所说的制造资源是指生产产品需要的全部资源，在实际生产过程中，会有资源不能承受生产的情形出现。

根据生产资源在企业中的作用，将其分为瓶颈资源和非瓶颈资源。所谓的瓶颈资源是指生产能力小于或等于生产要求的资源，这类资源制约了整个系统的产出。这种约束资源在任何系统中都或多或少地存在。

二是 DBR（鼓·缓冲·绳子方法）生产排程方法和 TP（思维流程）工具。DBR 生产排程方法是通过系统和机制的建立对生产过程进行管控。TP 工具是通过多方知识整合借鉴、考虑现状与未来目标情况下，能够发现和解决复杂问题的工具。TP 工具运用因果推理方法，提供排除问题的多种方案以供选择，最终帮助人们找到解决问题的方法和措施。

约束理论提出通过约束识别找出突破约束的具体措施从而消除约束。

3.4.3　该理论对建设用地开发利用的指导

在土地的开发利用过程中，存在着多种约束，目前的建设用地开发利用潜力评价研究主要从潜力的角度来分析影响因素，随着建设用地开发规模的扩大，资源短缺、生态环境恶化等问题的出现，人们应该更加关注潜力的约束。建设用地开发利用的潜力不是无限的，建设用地的开发利用离不开资源环境的支撑，而资源环境的承载力是有限的，人们需要识别制约建设用地开发利用的关键因素，分析其对建设用地开发利用的影响，分析不同地区、不同时间建设用地开发利用的限制因素，为建设用地开发利用潜力的分析提供支撑。

3.5　区域布局理论

3.5.1　区域布局理论的主要观点

（1）增长极理论

20 世纪 50 年代，法国经济学家佩鲁在《增长极概念的解释》一文中提出了增长极概念。他指出，经济空间的增长不是平衡的，存在着向某一地区集中的趋势，增长极对其他的经济单元起着支配作用。

法国著名经济学家布德维尔在佩鲁研究的基础上，提出了具有空间含义的增长极理论，并提出了区域增长极的概念。布德维尔指出，从地理区位的角度来分析经济增长会表现出区域间不平衡的趋势，经济不会同时在各个地方发展起来，而是在不同地区呈现出不同的增长速度以及对周边的影响力，这些增长点或增长极形成之后会向外扩展，最终形成对整个区域经济的带动。瑞典经济学家缪尔达尔认为，增长极会产生扩散效应与极化效应。其中扩散效应是说增长极促进周边区域经济发展。极化效应是指增长极吸引周边区域要素向增长极靠拢，使增长极继续发展。该理论强调寻找优势区位的重要性，进而集中投资进行重点建设，同时在发展的基础上注重产业技术的扩散，最终带动周边区域发展起来。

增长极理论是一种不均衡发展的理论，对于经济落后的区域来说，由于资源和经济投入有限，不能赶上整个地区的平均发展水平，在这种情况下，可以选择优势地区，重点投资和建设，使这个地区形成集聚优势，带动周边地区的发展，缩小区域间的差距，最终引导整个区域经济实现平衡协调发展。

（2）点轴开发理论

我国地理学者陆大道在1984年提出了点轴开发理论。其中点指的是人口和社会经济职能高度集中的城市和居民点；轴是指对周边区域具有吸引力和凝聚力的由交通干线、能源通道等组成的基础设施。轴线上集中的各种社会经济设施通过物质流以及信息流来促进周边区域的发展。选择发展点与开发轴是点轴开发模式的关键所在，将在中心城市之间建设基础设施称为发展轴线，使城市之间建立起联系。在这些发展轴线上合理布局开发项目或城市，通过点轴之间串联的开发模式，促进区域的发展。可以看出，点轴开发理论主要运用于基础设施的建设布局。

（3）网络开发理论

20世纪以来，很多学者提出了网络开发理论。其核心思想是在经济发达地区，点轴空间结构形成的情况下，进一步完善区域结构，使之形成相互交织的纵横网络的开发系统。

网络开发系统包括节点、域面和网络三个要素。其中节点是指增长极中的中心城镇；域面是指两侧节点可以吸引的范围；网络是指资金、人等要素构成的流动网络、通信网络、交通网络。网络开发系统在点轴空间结构的基础上，通过网络连接加强区域之间各生产要素的深入和广泛的交流，促进区域协调发展。

3.5.2 该理论对建设用地开发利用的指导

根据湖南省各地区的发展阶段，采用不同的建设用地开发布局战略，在地区发展初期，通过市场机制，使企业集聚发展，打造经济发展的中心；政府运用政策手段，组织开展重点投资建设，根据区域资源环境和本地经济发展的优势资源，发展主导产业，通过资源的合理配置，实现产业、人才、资金和技术等集聚，促使区域增长极的形成。

在区域空间发展格局尚未形成，经济不是特别发达的情况下，可以依据点轴开发理论来推动区域整体布局的形成，在增长点之间铺设交通网络和信息网络，加强基础设施建设，使点与点之间相连，从而促进空间布局的形成和区域经济的发展。

在湖南省经济发达的区域，加强信息网络、交通网络、流动网络的建设，使区域之间相联结，从而发挥增长极的带动作用，促进节点与域面之间的深入合作和交流，最终实现整个区域的发展。

3.6　本章小结

对建设用地开发利用潜力评价和建设用地开发利用布局所涉及的基础理论进行分析和论述，涉及的理论有可持续发展理论、生态经济学理论、人地关系理论、约束理论和区域布局理论，在对基础理论进行论述的基础上，就理论与建设用地开发利用潜力评价的关系进行剖析。可持续发展理论是建设用地开发利用潜力评价的指导思想。建设用地开发利用潜力评价从约束的角度出发，考虑发展的约束，强调在资源环境承载力范围内进行开发。另外在建设用地开发利用潜力评价的基础上，进行土地的科学分区和合理布局，促进社会经济与生态环境的可持续发展。生态经济学理论和人地关系理论是建设用地开发利用潜力评价的基础，把人与土地的关系、土地利用与资源环境的关系作为潜力评价的基础，保证整个系统的协调发展。约束理论是建设用地开发利用潜力评价的依据，在建设用地开发利用中存在着一个或多个限制因素，这些限制因素决定或者影响了建设用地的最大开发潜力。区域布局理论是建设用地开发利用潜力评价成果的应用基础，依据增长极理论、点轴开发理论和网络开发理论进行建设用地开发布局。

第4章　建设用地开发利用的约束条件

诸多因素影响着建设用地开发利用潜力，每个因素对建设用地开发利用潜力的影响是很复杂的，有些因素兼有正面和负面的双重影响，还有一些因素对土地利用形成绝对限制。本章依据约束理论和木桶原理，从建设用地开发利用的约束角度出发，研究限制建设用地开发利用的因素。

自然资源、生态环境和社会经济因素就像硬币的两面。自然资源、生态环境在一定条件下是建设用地开发利用的基础和支撑，当其被使用和破坏超过一定限度时就会制约建设用地的开发利用。从资源环境保护和土地可持续利用的角度出发，分析这些因素对建设用地开发利用的影响方向和影响程度，为建设用地开发利用潜力评价选取约束指标、确定约束指标阈值提供基础。土地是社会经济、资源环境构成的复合系统，土地的开发利用受到诸多因素的影响。土地开发利用系统如图4－1所示。

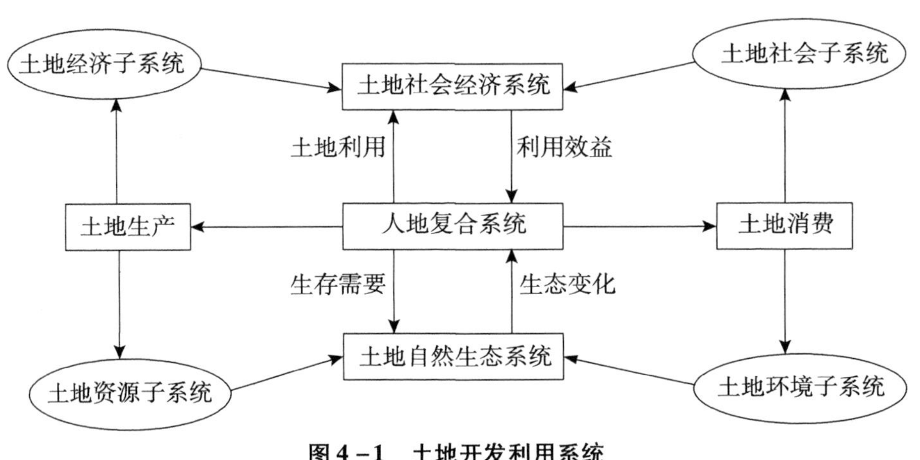

图4－1　土地开发利用系统

本书主要分析自然资源、生态环境、社会经济和政策制度四个方面对建设用地开发利用潜力的影响。

4.1　自然资源约束

4.1.1　自然资源约束机制

自然资源具有稀缺性的特点，这是自然资源对建设用地开发利用产生约束的主要原因。本章在区域资源稀缺性的基础上，研究自然资源对建设用地开发利用潜力的影响。

目前，学者对资源约束的研究比较多，形成了具有共识的概念，资源约束是指资源的数量比较少，质量不高，利用难度比较大，从而对社会经济发展造成了约束。一方面，短期内资源供给的不足导致对资源需求较大且受到资源约束较强的发展项目；另一方面，长期内对社会经济的可持续快速发展产生约束。

4.1.2　自然资源对建设用地开发利用的约束

土地开发利用作为一种社会经济活动也受到自然资源的约束。资源总量约束着建设用地开发的规模，资源结构制约着建设用地开发的形式，总量和结构共同决定建设用地开发的规模和形式。本书主要分析气候、地质、地形、水资源和土地资源对建设用地开发利用的约束。

4.1.2.1　气候

气候是自然地理要素中最为重要和活跃的要素，它改变着地表形态，决定土壤、植被类型的形成，同时约束着人类活动与土地开发利用。它对建设用地开发利用的影响主要体现在宏观和微观两个方面。

从宏观上来说，气候是景观格局形成的主导因素，它对土地开发利用的限制体现为气候带分布的差异带来土地开发利用的不同，制约着建设用地的开发布局，如在寒冷的北方地带，居民点主要分布在避风、平坦的村庄，而在温暖的南方地区，村民主要聚居在河流与道路的两侧，这也是气候对土地利用约束的真实体现。

气候还会在微观尺度上对建设用地开发利用方式与布局产生重要影响，如城市热岛效应。城市热岛效应是指因大量的人工热源、建筑物和道路等高蓄热体及绿地减少等因素，城市中的气温高于周边郊区的现象。为了解除城市热岛效应，必须控制建设用地密度，调整建设用地布局，增加绿化量与水体面积。这些因素约束了建设用地开发利用强度和布局。

4.1.2.2 地质

地质因素是决定建设用地开发利用潜力大小的基础。地质条件决定着土地的承载力大小，地质条件越好，土地的承载力就越大，越能进行高强度、高密度开发，有利于存量建设用地潜力的挖掘。

地质资源主要有能源、矿产和景观三种类型，能源和矿产主要影响建设用地开发的形式。石油、煤炭和地热等能源，由于开采方式不同，土地的利用方式也有差异，如我国大同煤矿的采掘、大庆油田的建设等，周边的土地根据资源的类型发展可以采用不同的土地利用方式。铁矿、花岗岩等矿产资源，这些资源不同的特性与利用方式，也影响周围的土地利用方式。景观资源能为人类提供休闲娱乐，拥有这些资源的地区逐渐发展观光旅游用地，也因此限制了土地的高强度开发。

4.1.2.3 地形

地形是土地开发利用的基础，地形对建设用地的影响是多方面的，主要是坡度变化给建设用地开发利用带来的约束。地势比较平坦，起伏不大，有利于各项基础设施和城镇建设用地的开发建设和布局，便于物质、劳动力和资本的流动与积聚。而地势不平坦，起伏较大，给建设施工带来很大困难，土地开发利用的成本很高，因而对建设用地的开发利用产生了严重约束。另外坡度较大、冲刷严重的山地、丘陵等区域容易发生地质灾害，也不适合人类居住，限制了土地的开发建设。

地形还会通过影响其他因子对土地利用产生限制，如坡度较大的地带地表径流的速度较快，造成土地贫瘠，因此只能作为农业或林业用地，制约了建设用地开发利用潜力。地形因素对建设用地的开发利用影响很大，在建设用地适宜性评价中是要考虑的关键因素。

4.1.2.4　水资源

水是人类生产生活不可缺少的重要资源，也是人类进行土地开发利用的重要支撑条件。但水资源数量的有限性与空间分布的不均衡，给土地开发利用的方式与强度带来了制约，水资源总量与水资源分布是其对建设用地开发利用约束的具体表现。水资源的供给能力是一定的，这限制了建设用地开发强度，这种约束也是刚性的。

水资源分布也会对土地开发利用产生约束，在建设用地选址方面，要考虑水资源情况，生产生活都离不开水资源。在中观地段选择上，与水源的距离限制了土地的利用方式。如河流沿岸的土地多形成港口、码头用地。

4.1.2.5　土地资源

土地是人类最基本的生产生活资源，土地资源主要通过土地总量和区位两个方面对建设用地开发利用产生影响。土地资源具有稀缺性和位置固定性的特点，因此一个区域土地资源的供给量是一定的，这也决定了区域建设用地开发利用的最大潜力和极限水平。

后备建设用地总量有限性制约着新增建设用地开发利用潜力。在一定时期内，土地面积是固定不变的，科学技术水平的提高可以促进土地开发数量的增加，但是土地总量是有极限的，而且人口不断增长，人均用地面积不断减少，严重制约新增建设用地开发利用潜力。

土地资源有一定的区位条件，这对土地开发利用潜力也会产生影响。因为位置条件存在差异，在市场竞争条件下，区位好的土地会以经济效益高的方式使用，土地利用的集约度和收益较高；区位条件差的土地只能以产出能力低的方式使用。土地的区位差异导致土地用途不同，土地开发利用的强度和方式也不同。

4.2　生态环境约束

4.2.1　生态环境与土地开发利用的关系

生态环境与土地开发利用相互影响、相互制约，土地开发利用是生态环境变化的驱动力，生态环境变化是土地开发利用结果的积累，两者间存在着复杂的反馈关系。

土地开发利用作为影响生态环境变化的驱动因子，一方面，使地表的物理特征发生变化，进而促使生态环境因子、区域物理与化学过程发生变化，最终推动生态环境演化；另一方面，生态环境为土地开发利用提供物质与能量的同时，也通过环境容量、生态系统阈值等自身特征来约束土地开发利用强度，制约土地开发利用方向。

微观土地开发利用变化经过一定时间的累积，便会影响土地开发利用结构和强度，使环境发生变化。一般来说，在土地开发利用的过程中，建设用地比例的增加，导致生态环境破坏和环境污染，在区域范围内空气污染、水污染、固体废物污染日趋严重，全球范围内温室效应、酸雨、地面沉降等问题突出，能源环境问题日益严重，并逐渐成为制约社会经济发展的重大问题，进而影响建设用地的开发利用。

4.2.2 生态环境约束机制

生态环境对土地开发利用的约束主要是通过环境容量、生态系统阈值体现的，生态环境自身的这些特征限制土地开发利用强度，制约土地开发利用方向。

环境容量是指一定时间、空间范围内的环境系统对污染物的最大承受量。环境容量限制土地开发利用污染物的排放总量，进而约束土地开发利用的强度与规模。因此，一个国家或地区的环境容量影响土地资源开发利用中最低安全标准的设立，制约着建设用地开发利用水平，环境容量的大小直接影响建设用地开发利用潜力的大小。

生态系统阈值是土地开发利用强度、结构的重要约束。生态系统具有自我调整和净化的能力；但是，当外界因素的影响超过系统能够承受的范围时，系统会被破坏，失去调节功能。生态系统能承受的这个极限值，就是生态系统是否能够维持自我调节能力的临界值，称为生态系统阈值，这一阈值表示生态系统发生质变的临界点。

生态系统阈值约束着土地开发利用规模和土地利用结构。人们在开发利用土地的过程中必须以生态环境容量和生态系统阈值为限度，约束土地开发利用强度。

4.2.3　生态环境对建设用地开发利用的约束

本书主要分析大气环境、生物多样性、地质环境等生态环境因素对建设用地开发利用潜力的约束。

4.2.3.1　大气环境

大气是生态系统的一部分，各种生态活动中都有大气发生作用，它影响了土壤、植被、水文以及人类的生存需要的空气。大气环境的质量影响着生态环境，也影响着该地区的土地利用方式和利用程度。目前，我国很多地区空气污染严重，严重威胁着人类的健康，环境的污染会促进环境保护政策的出台，控制土地的开发规模、产业的布局。合理利用土地是减轻空气污染的一项措施，如减少土地开发对耕地、林地等生态用地的占用，控制建设用地规模，避免城市盲目扩张，减少工业企业的重复建设，提高土地的利用效率等。

4.2.3.2　生物多样性

生物多样性是地球上所有动物、植物和微生物与环境形成的生态复合体以及与此相关的各种生态过程的总和。它为人类社会持续提供物质能量，能够保障土壤、水文、地形和气候等生态环境因素的稳定，同时是生态环境系统中与土地利用和环境变化关系最密切的因子，对人类活动具有极高的敏感性，因此对土地开发利用活动也有很强的约束力。保护生物多样性是人们改善人与自然的关系、实现人类社会可持续发展的有效手段。应将保护生物多样性视为区域土地活动中的刚性约束。科学合理进行土地开发利用活动，有利于保护生物多样性，促进两者协调发展。

4.2.3.3　地质环境

地质环境是支撑人类社会发展的物质基础，地质环境中的可能发生地震的区域、泥石流滑坡灾害区域、地层下陷区域与断层带的地质环境对该地开发利用的方式和强度产生约束。地质环境与土地开发利用的关系如图 4 – 2 所示。

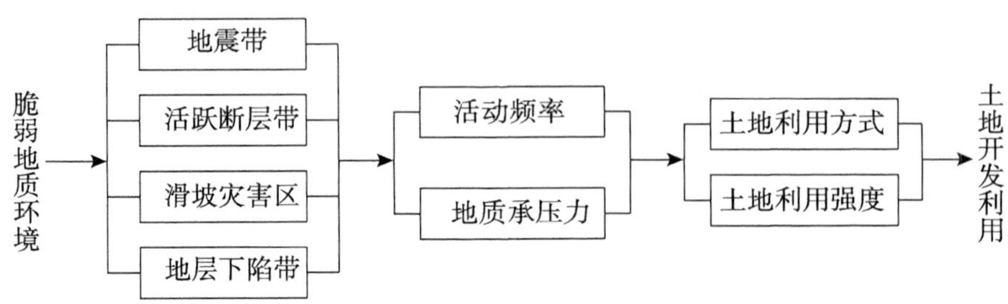

图 4 – 2　地质环境与土地开发利用的关系

土地开发利用活动必须在保证生态安全的前提下开展，建设用地开发利用首先要评估的因素就是安全性，地质环境因素是建设用地能否开发的基础条件，一般在各类地质灾害易发的区域不适合布局居住或重大基础设施用地，应该将其作为开放空间使用。在生态环境能够承受的限度内开展土地开发利用活动，避免盲目开发。在具体的实施过程中，科学评价区域资源环境承载力和土地开发潜力，在此基础上科学地进行土地利用分区，根据区域的实际情况采取相应的开发战略，将土地管理与生态建设相结合，促进经济系统和生态系统协调发展。

4.3　社会经济约束

4.3.1　社会经济与土地开发利用的关系

社会经济活动以土地为支撑，占据着固定空间并改变周边的环境。占据一定空间的社会经济活动在开发利用土地的同时，又通过土地的利用程度和规模显示出区域社会经济发展的程度。土地利用影响社会经济发展，同时社会经济发展也反作用于土地利用。两者在相互依存中耦合成一个整体。

一方面，土地为社会经济发展提供物质基础和活动空间，任何社会经济活动都依托土地而开展，土地供给是否充足，土地利用结构与产业结构是否相符，直接影响经济效益、经济规模和经济发展速度；另一方面，社会经济发展也影响着土地开发利用活动，经济增长、产业结构和人口变化直接影响着土地利用的经济可行性，为土地的开发利用提供资金支持，影响着土地开发利用规模和结构。土地利用系统是由土地—社会经济—生态环境构成的复合系统，通过各种社会经济因素对土地开发利用产生影响。

社会经济与土地开发利用的关系如图 4 - 3 所示。

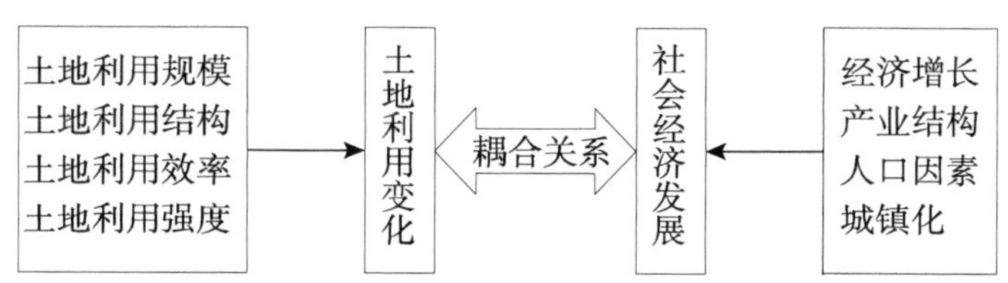

图 4 - 3　社会经济与土地开发利用的关系

4.3.2　社会经济约束机制

社会经济因素对建设用地开发利用产生限制主要通过以下两个系统发生作用：一是土地—社会经济系统，二是土地—社会经济—生态环境—政策响应系统。在资源承载力和环境容量范围内，主要是土地—社会经济系统的相互关系对建设用地开发利用产生限制；超过资源承载范围和环境容量，土地—社会经济—生态环境—政策响应系统会发生作用。

4.3.3　社会经济对建设用地开发利用的约束

下面从经济增长、城镇化和人口因素三个方面阐述其对建设用地开发利用的约束。

4.3.3.1　经济增长

在经济活动的开展过程中，从原料输入到生产出产品再到产品转化成废物排出到环境中，这一系列过程需要资源容量和环境承载力的支撑。在一定经济规模内，经济增长影响土地利用的规模和结构，当经济增长到一定程度，资源的供给和环境接收废物的能力已经超过自身的最大承受限度时，资源和环境制约了经济增长，进而影响到土地的利用，因此人类的经济活动必须在资源环境能够承受的范围内开展，经济系统的增长规模不能超出生态环境资源系统的容纳范围。

4.3.3.2 城镇化

城镇化也称城市化，是指各种资源和经济活动从农村向城市聚集的过程。城镇化一般分为城镇化初期、城镇化中期、城镇化后期和城镇化末期四个阶段。城镇化的不同阶段对土地开发利用的影响有所差异。在城镇化初期，人口、产业向城市集中，土地需求增加使土地由粗放利用向集约利用转变，随着各种经济要素的不断聚集，土地资源变得紧缺，地价开始上涨，促使土地利用进一步集约。到城镇化后期，随着经济的发展、物质的充足，人们开始追求经济、社会和环境协调一致。这时土地利用方式表现为生态型集约。城镇化对土地开发利用潜力的影响是双向的，在城镇化的一定发展阶段，各种要素的集聚有利于促进土地的集约利用，但是集聚经济并不是没有限度的，城市规模的无限扩大，过分的城市集聚往往会导致交通拥挤、环境恶化、资源短缺等问题，这些问题造成土地利用成本上升，收益开始随城市规模的扩大而下降。

城镇化会带来经济增长、就业机会增加、土地利用集约度提高，有研究表明，城市规模在 50 万 ~200 万人口聚集效应最显著，但是当城市规模超过合理限度后就会导致交通拥挤、生态环境恶化等问题。当城市达到一定规模时，存在外部性；超过该规模，正外部性转为负外部性。

城镇化对建设用地的限制作用主要通过两种系统产生。一是土地—经济—生态系统。当城市发展到一定规模，超出资源环境承载力和环境容量时，整个经济系统和人类生存系统将崩溃，进而制约了土地的集约利用和开发建设。二是土地—经济—生态—政策响应系统。当城市发展到一定规模，出现各种城市问题时，政府会制定政策，进而制约土地的集约利用和开发建设，比如规定 500 万人口以上的城市不再新增建设用地。

4.3.3.3 人口因素

人口发展与土地开发利用是相互影响、相互制约的。一方面，人口影响着土地的开发利用，通过人类需求和人类活动影响土地开发利用；另一方面，土地也限制着人类的活动，通过地理环境和自然资源制约着人类经济活动的方式、强度和规模。人口的数量、结构、受教育程度及其区域人口密度等是影响土地开发利用的重要因素。

研究人口数量对土地开发利用的影响是从人口数量上来分析人地关系问题。人口越多，对自然资源和环境的需求越大，消耗越多的资源，带来越大的环境压力。人口数量增加会导致资源、环境以及社会问题的产生。人口数量的不断增长及人们生活水平的提高加大了资源环境的压力，导致资源的短缺和环境的恶化，进而影响土地的开发利用。

人口分布对土地开发利用的影响也十分显著，会影响土地开发利用的强度和方式。在人口稠密区域，土地利用集约化程度高，人地关系矛盾突出；而在人口稀少地区，自然条件较差，交通系统不发达，劳动力匮乏，土地产出率和集约化利用程度都较低。

人口素质是影响区域资源利用和区域发展的重要因素，会直接影响到资源的可持续利用。人口素质较低，导致大量增加的人不能有效转化成人力资源，无法利用先进技术，反而增加了土地资源压力，加剧人地矛盾，同时给资源环境带来压力，进而影响到土地的开发利用。

4.4　政策制度约束

土地开发利用活动是在一定政策环境下开展的，政策制度通过一系列规则来理顺人们之间的相互关系，土地利用受各种外部政策的管理和制约，特别是强制性的政策，约束力比较强，政府部门为保护资源与环境，颁布了一些强制性的政策，这些政策是建设用地开发利用必须遵守的。

我国对土地资源的开发利用不是无限制的，而是受到相关法律法规和政策制度约束和管理的。在土地开发利用方面，国家制定了一系列相关法律法规和政策制度，规范对土地资源的开发利用行为，保障土地资源能够得到可持续发展。

4.4.1 政策制度对建设用地开发利用的约束

政策制度约束由政策类型、导向力度和导向区域决定，三者对土地开发利用构成影响。影响的程度和方向，要根据政策级别和政策类型来分析。政策级别从上至下为国家级、省级、市级、地方级；政策类型可以分为限制性政策和促进性政策。

限制性政策反映对土地使用的限制，若强制使用受保护的土地必须付出高昂的成本；而促进性政策反映对土地使用的鼓励，若使用促进性政策中的土地则成本大大降低。从国家到地方，从促进性政策到限制性政策，影响建设用地开发利用的相关政策很多，其中各级别的限制性政策制约着建设用地的开发利用，而且政策类的限制往往是刚性的，是必须遵守的，尤其是其中的强制性内容，比如《基本农田保护条例》，这些强制性的政策是土地开发利用必须考虑的内容。因此要对政策因素进行分析，在建设用地开发利用潜力评价中把一些强制性政策作为一票否决的刚性约束因子来考虑。

4.4.2 政策类型

限制建设用地开发利用的政策主要有以下几类。

（1）土地政策

国家和地方制定了相关的法律法规对土地的开发利用活动进行规范和限制。相关的主要法律法规有《中华人民共和国土地管理法》《基本农田保护条例》等。

（2）社会经济政策

土地是社会经济发展的重要基础，相关的文件有《中华人民共和国国民经济和社会发展第十二个五年规划纲要》《全国主体功能区规划》《“十二五”国家战略性新兴产业发展规划》等。

（3）资源保护政策

资源保护政策包括土地资源保护政策、水资源保护政策、矿产资源保护政策等。相关的标准有《地表水环境质量标准》《生活饮用水卫生标准》等。

（4）生态安全保障政策

随着经济的发展，生态安全问题凸显，我国制定了一系列法律法规和政策制度标准，有《中华人民共和国自然保护区条例》、《中国生物多样性保护战略与行动计划》（2011—2030 年）、《污水综合排放标准》、《地表水环境质量标准》、《地下水质量标准》等。

建设用地开发利用会破坏生态环境，如果一个地区的生态环境恶化，那么就应对建设用地开发利用进行限制。建设用地开发利用受到政策类因素的影响，相关的限制性政策制约着建设用地的开发利用，目前主要体现为各类生态环境保护政策和耕地保护政策制约着新增建设用地的开发利用。

4.5　本章小结

本章从自然资源、生态环境、社会经济、政策制度四个方面进行建设用地开发利用约束条件分析。从辩证的观点看，每个因子都具有两重作用。

在一定范围内，自然条件与自然资源是建设用地开发利用的基础和保障，但是自然条件恶化、自然资源短缺就会限制建设用地的开发利用。本章分析了自然资源与土地利用的关系以及自然资源对建设用地开发利用的约束机制。自然资源主要通过资源的供给数量减少、质量下降、开发利用难度提高对建设用地开发利用形成制约。

本章选取了对建设用地开发利用有重要影响的气候、地质、地形、水资源和土地资源来进行研究；分析生态环境与土地利用的关系，研究了生态环境对建设用地开发利用形成约束的主要原因是生态容量的存在。当人类活动超过生态环境阈值造成生态环境破坏，就会对建设用地开发利用形成限制，具体通过大气环境、生物多样性、地质环境来分析生态环境对建设用地开发利用的影响与约束。

本章分析了社会经济因素与土地开发利用的互动关系，指出社会经济因素对土地产生的约束是通过土地系统与经济系统的互动关系和土地生态经济政策系统来起作用的，具体选取经济增长、城镇化和人口因素进行了分析。

本章分析了政策制度影响土地开发利用的因素，其主要通过限制性政策对建设用地开发利用形成约束，主要通过土地政策、社会经济政策、资源保护政策等来进行研究。

各因素在一定情况下对建设用地开发利用形成约束，将为建设用地开发利用评价指标的选择以及建设用地开发的战略布局提供参考依据。

第5章　基于多约束的省域建设用地开发利用潜力评价指标体系构建

5.1　约束指标及类型

5.1.1　约束指标的含义

约束的含义是限制使不越出范围。词汇原意：将丝缠绕成一束的动作称为“约束”，缠绕好的丝即为“束”；引申为制约、控制等意。本文结合木桶原理、约束理论来引出约束的概念。

木桶原理是说决定木桶盛水量多少的关键因素不是其最长的板，而是其最短的板，这块短板就是木桶盛水量的限制因素。约束理论与木桶原理有异曲同工之处，其基本理念是限制企业目标实现的因素不是全部的因素，而是其中的瓶颈或短板。约束理论中的约束是一个广义的概念，通常也称作瓶颈，它是指阻碍系统实现整体目标的任何因素。本书中的约束是指限制建设用地开发利用潜力的各种因素，包括自然资源、生态环境、社会经济和政策制度等因素。根据约束理论的基本理念，应该重点研究限制建设用地开发利用潜力的因素，或者是制约潜力的个别瓶颈而不是全部因素。

诸多因素影响着建设用地开发利用潜力，在进行建设用地开发利用潜力评价时，要意识到每个影响因素对潜力的影响都是十分复杂的，既有正面的影响，又有负面的影响。这些因素在一定阈值范围内就会对建设用地开发利用潜力形成限制，有些对建设用地开发利用潜力构成绝对限制，有些则构成相对限制，本章借鉴木桶原理和约束理论，将那些与土地开发利用相互联系、相互作用，制约土地潜力的因素作为约束指标。

5.1.2 约束指标的类型

5.1.2.1 根据约束指标的属性划分

按照限制的强弱和影响的持续性，约束指标可分为刚性约束指标和弹性约束指标。

（1）刚性约束指标

刚性约束指标是指限制因素中影响最大的制约因素，影响土地潜力的关键因素。刚性约束指标的约束因子存在一个阈值范围，当约束指标值超过阈值即最大容忍程度时，该地区直接被划为无潜力区域，不宜进行建设。利用这类因子进行“一票否决”，这些指标决定建设用地开发利用潜力的有无。其约束是绝对的约束。这类指标通常是由对土地利用影响显著的自然资源和生态环境因素构成的。

（2）弹性约束指标

弹性约束指标是指对建设用地潜力起一般限制作用的其他制约因素，这些因素影响潜力的大小，其约束都是相对的，这类因素通常由社会经济因素构成。

5.1.2.2 根据约束来源划分

按照约束来源把约束指标分为自然资源约束指标、生态环境约束指标、社会经济约束指标、政策制度约束指标。

（1）自然资源约束指标

自然资源约束指标是指制约着社会经济发展和土地利用的自然资源因素。这类因素对土地的限制主要表现为资源供给不足，如区域水资源匮乏将制约建设用地的开发利用。

（2）生态环境约束指标

生态环境约束指标是指对土地利用产生限制作用的生态环境因素。这类因素对土地的限制主要表现在生态环境破坏对土地开发利用产生的制约和为保障生态安全而进行开发限制等方面。

（3）社会经济约束指标

社会经济约束指标是指对土地利用产生限制作用的社会经济因素。这类因素对土地的限制主要表现在土地利用的经济可行性方面以及各类经济因素上，如人口规模、产业结构和城镇化与土地利用数量和结构的协调性方面。如果地区人口规模过多，超出土地承载能力，那么该地区不适宜进行建设用地开发。

（4）政策制度约束指标

政策制度约束指标是指对土地开发利用起到限制作用的政策因素。

5.2　约束指标体系的构建

5.2.1　省域建设用地特点

从公共管理学的角度来看，省域行政管理是层次较高的一个级别，在管理中起着承上启下的作用；从区域经济学的角度来看，省域是一种区域组织形态，省域经济是区域经济的非常重要的一个组成部分和特殊表现形式，省域经济的发展将促进省域范围及更大区域范围内社会经济的发展；就土地利用而言，省域建设用地有其自身的特点和管理要求。

（1）差异性

由于地形地貌、水文、气候等自然资源条件的差异性，以及经济社会发展水平的不同，省域建设用地的差异性具体表现为在省域内部，由于各地区自然资源、生态环境和经济基础等方面的不同，土地利用也表现出极大的差异性。以湖南省为例，城镇建设用地主要分布于中东部，其中长株潭地区为主要分布地区。农用地主要分布在中东部洞庭湖周边以及湘江流域。林地主要分布在湖南的西部、东部及南部，西部呈南北向带状分布，东部和南部呈北东—南西向带状分布。所以协调区域间土地的供求关系，就成为全省经济社会持续发展的重要工作。在进行建设用地开发利用时要根据土地的区域特点，进行分类开发。

（2）竞争性

省域建设用地的竞争性表现在不同土地用途之间的竞争和不同地区之间同类建设用地为吸引资金、技术、人才等要素所展开的竞争。土地利用目的不同，会使同一块土地在不同用地类型选择上出现矛盾，比如在追求经济发展和耕地保护之间，建设用地和耕地两种用地类型选择出现矛盾。各种经济活动带来的巨大利益，导致了耕地与建设用地之间的矛盾。用途的竞争是竞争性的表现之一；省内不同地区存在发展经济的竞争，省域之间发展机会的竞争是竞争性的又一表现。

（3）层次性

省域建设用地开发利用的层次性主要体现在两个方面，即土地开发利用的层次性与土地开发利用管理的层次性。省域建设用地开发利用的层次性体现在土地开发利用是在一定的区位开展的，人们开发利用土地的范围有宗地、功能区、开发区、村镇、区县、城市、城市群、全省、全国，不同的开发利用层次，其目标、影响不同。另外土地的开发利用具有外部性的特点，土地开发利用活动会对周边产生影响。土地开发利用的这种层次性，促使土地开发利用的管理也是分层次的，在不同的管理层次上，土地管理的任务和内容各不相同。

5.2.2 约束指标体系构建的原则

指标和指标体系是对被研究对象全部或部分特征的真实反映，其反映事物的准确程度是进行科学评价的基础。

科学合理而简单易行的评价指标体系，是进行建设用地开发利用潜力评价的基础。建设用地开发利用潜力涉及生态环境、社会经济等诸多影响因素。因此应该从系统综合能力的角度对其开展评价，这需要构建一个综合性指标体系，建设用地开发利用评价指标的选取既要体现出土地开发利用与社会经济、生态环境的相互关系，还要选择有代表性、便于衡量的主导性指标，主要依据以下原则。

（1）一致性原则

一致性是指选取的指标要与所界定的建设用地开发利用的潜力约束、潜力来源、潜力评价的内涵相一致。由于学术界对建设用地开发利用潜力约束、潜力来源、潜力评价的内涵没有形成共识，学者们根据各自的角度和研究目的来选择指标，构建指标体系，基于不同角度和目的选取的指标会存在差异。因此，要根据研究的具体情况所界定的内涵来选取评价指标。

（2）代表性原则

建设用地的开发利用潜力受到多方面因素的影响，但不需要面面俱到，选取大量的指标来进行分析，大量的指标不但不能提高评价结果的可信度，还会增加工作量。因此，需要从繁杂的指标中挑选有代表性的，首先研究各因素对评价目标的影响方向和影响程度，重点考虑影响因素中对建设用地开发利用潜力有正负双向影响和单独负向影响的指标，以及能对建设用地开发利用潜力起主导作用的指标，并将其作为土地开发利用潜力分析的依据。

（3）科学性原则

要根据相关理论和省域实际情况选取指标，指标阈值和指标权重的确定，以及数据的选取、测算都要以科学的理论为依据。选取的指标有准确的内涵、标准的测算方法，选取的指标要能够反映与潜力的关系，并能对建设用地开发利用潜力约束条件做出准确、全面的分析和描述。

（4）可操作性原则

指标体系构建的目的是开展评价研究，所以在选取指标时就要结合实证的要求，选择容易收集、可信度高、简单明确的指标，尽量选用已有的统计数据、图件和其他国土部门所掌握的资料中的相关指标。

（5）可持续发展原则

建设用地开发利用潜力评价的目的是优化土地利用结构、提高土地利用效率，实现土地可持续利用。因此，应重视生态环境可持续发展指标的选取。

（6）系统性原则

土地利用指标体系应按照系统论的观点，全面、系统反映建设用地开发利用潜力的各个方面，各子系统之间相互协调，共同为系统整体服务，力求科学、全面地表达影响要素的主要方面和内在联系。

5.2.3 约束指标体系构建的方法

指标体系的建立，一般通过指标体系的初步建立和指标的最终确定两个步骤来完成。指标体系的初步建立是完成指标的选取和设计指标体系结构，明确指标间的相互关系。在选取指标时要明确评价的目的，分析各指标的概念、影响方向和影响程度。评价指标体系构建的方法主要有以下几种（见表5－1）。

表5－1　评价指标体系构建方法

名称	原理
综合法	将现有指标体系按照一定标准进行归纳分类，在此基础上形成指标体系
德尔菲法	通过征询汇总专家意见，制定指标体系
交叉法	将不同属性的指标进行交叉，衍生出一系列新的指标，从而形成指标体系
目标层次法	通过目标分解的方法建立指标体系，具体来说，先确定评价对象的目标，可以称为目标层，再在目标层下方建立若干较为具体的分目标，称为准则层，接下来在准则层下方建立更为详细的指标从而形成指标体系
因素分析法	将指标体系的评价对象和评价目标划分成若干个不同组成部分或不同侧面（评价子系统），并逐步细分，形成各级子系统及功能模块，直到每一部分和侧面都可以用具体的统计指标来描述
指标属性分组法	根据指标的属性，如正向或反向、绝对或相对等进行分组，形成指标体系
信息熵方法	利用信息熵对指标的识别能力进行测量，计算公式为信息熵 $e(i) = -k\sum_{j=1}^{n}\frac{X_{ij}}{E_i}\ln\frac{X_{ij}}{E_i}$，总熵 $E = \sum_{i=1}^{n} e(i)$，指标的识别能力测量 $w_i = \frac{1}{n-E}[1-e(i)]$ $(i=1, 2, \cdots, n)$，约简识别能力差的指标

（续表）

名称	原理
层次分析法	将各类因子排列成若干层次，界定各层次之间的关系，在此基础上进行定性和定量分析
相关分析法	通过 Pearson 相关系数进行计算，将关联度高的指标去除，减少这类指标对评价的影响
主成分分析法	将指标进行转换，用较少的变量去解释大部分变量
粗糙集方法	如果指标体系删除某个指标之后，该指标集合仍是有效的，则该指标是可以约简的，粗糙集属性约简规则是在约简的属性集的分类质量与原属性集的分类质量相同的基础上，删除冗余属性
灰色关联	指标 x_i 和 x_j 的关联系数 $x_i\xi_{ij}(k) = \frac{\min_i \min_j \mid x_i(k) - x_j(k) \mid + \rho \max_i \max_k \mid x_i(k) - x_j(k) \mid}{\mid x_i(k) - x_j(k) \mid + \rho \max_j \max_k \mid x_i(k) - x_j(k) \mid}$，$r_{ij} = \frac{1}{m}\sum_{i=1}^{n}\xi_{ij}(k)$（$m$ 为特征数据个数），当 $r_{ij} > r$（r 为临界值）时，x_i 和 x_j 可以归为一类
变异系数法	该方法可以用来测量指标辨别评价对象某一特征的能力和效果，称为区分度。如果变异系数大，则区分度高。$X \sim N(\mu, \sigma^2)$，记均值化结果为 $Y = X/\mu$，则 $Y \sim N(1, \sigma^2/\mu^2)$，$Y$ 的标准差即为 X 的变异系数，记 X 的变异系数为 V_σ，则有 $\sum (Y-1)^2/V_\sigma^2 \sim x^2(n-1)$

5.2.4　约束指标体系构建的流程

在本书中，选用综合法对目前研究中的评价指标进行整理归类，运用因素分析法对影响建设用地开发利用潜力的因素进行了分析，运用指标属性分组法对影响因素进行了分类，在上述基础上完成了建设用地开发利用潜力评价指标的初选，运用德尔菲法和实地调研确定了建设用地开发利用潜力评价指标体系，为了系统而科学地遴选建设用地开发利用潜力评价指标，我们设计了指标遴选的技术路线，如图 5－1 所示。

（1）评价指标初选

本书首先利用综合法对指标体系进行归纳分类，在此基础上，对现有指

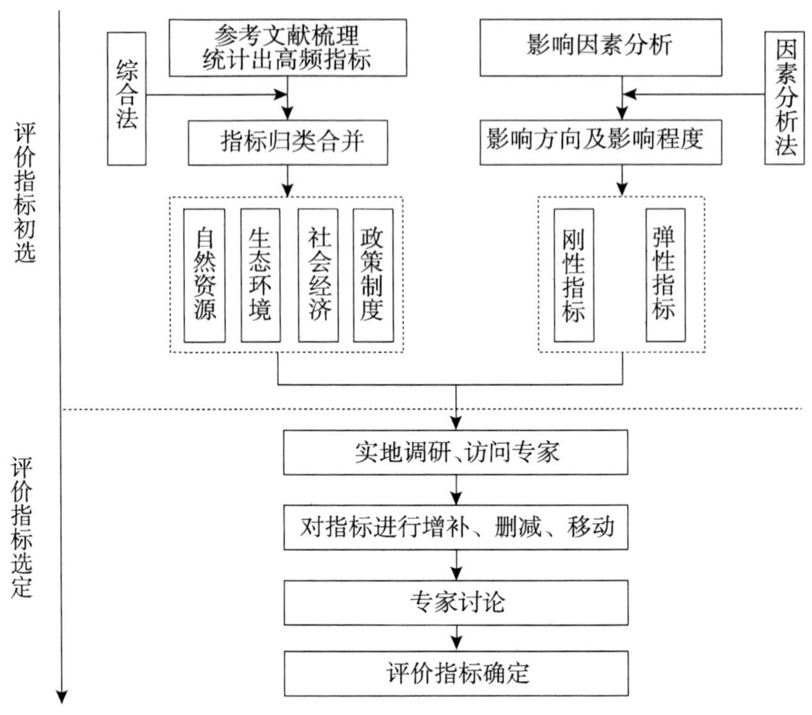

图 5－1　指标遴选的技术路线

标体系进行完善，形成新的指标体系。首先通过文献梳理对指标出现频率进行统计。目前，建设用地开发利用潜力评价研究是针对城市土地潜力、农村居民点用地潜力、土地复垦潜力和可利用建设用地的评价等几个方面，因此在查找梳理文献时，以“知网”为来源，选取“建设用地开发利用潜力”“农村居民点整理潜力评价”等为主题词和篇名搜索文章数目，并对出现次数多的指标进行了统计，文献统计如表 5－2 所示。

表 5－2　　文献统计

检索词	检索项	篇数	检索项	篇数
建设用地开发利用潜力	主题词	79	篇名	0
城市土地潜力	主题词	603	篇名	70
建设用地整治潜力	主题词	66	篇名	10

（续表）

检索词	检索项	篇数	检索项	篇数
农村居民点整理潜力评价	主题词	90	篇名	24
土地复垦潜力评价	主题词	36	篇名	5
后备建设用地潜力	主题词	22	篇名	1
可利用土地资源评价	主题词	462	篇名	5
建设用地适宜性评价	主题词	216	篇名	57
土地可持续利用评价	主题词	1233	篇名	214

其次，对涉及存量建设用地开发利用潜力的“城市土地潜力”“农村居民点整理潜力评价”“建设用地开发利用潜力”“土地复垦潜力评价”和涉及增量建设用地开发利用潜力的“可利用土地资源评价”“建设用地适宜性评价”文献中引用比较多的研究进行了梳理，分析指标及指标体系构成，具体评价指标比较情况如表 5－3 与表 5－4 所示。

表 5－3　　存量建设用地开发利用潜力评价指标比较

来源	年份	题目	影响因素
农业工程学报	2009	河北省农村居民点整理潜力评价分级	经济因素：人均国内生产总值、农村居民人均纯收入、农村居民点地均固定资产投资额 自然条件：县域整理潜力指数和地形地貌 社会因素：单位耕地拥有的劳动力人数、乡村与城镇人口的比例、农村居民点地均乡村个数
资源科学	2006	河北省城市土地集约利用潜力评价方法探讨	集约利用程度 集约利用趋势 集约利用约束程度
测绘与空间地理信息	2013	基于 GIS 空间分析的农村建设用地节约集约利用研究	社会：非农人口比重、公共服务与管理状况、交通状况 经济：总人口、农民人均纯收入 自然：地形地貌地质、耕地占比

（续表）

来源	年份	题目	影响因素
地理空间信息	2013	建制镇土地利用潜力评价体系的建立	土地投入指数、土地利用结构指数、土地利用程度指数、土地利用效益指数
地理与地理信息科学	2011	基于GIS的城市建设用地资源潜力评价初探	刚性因子：用地自然条件、环境及耕地保护要求、用地规划条件 弹性因子：周边道路及市政基础设施完备程度、社会影响评价
地理与地理信息科学	2007	协调度模型在城市土地利用潜力评价中的应用	经济：土地产出强度、土地投入强度、土地利用结构、土地利用强度 社会：市政设施水平、公共服务水平 环境：城市绿化水平、市容卫生水平、环境保护水平
环境工程学报	2008	模糊综合评价法在矿区塌陷土地复垦潜力评估中的应用	地形改造条件、土壤条件、水文地理条件、社会经济条件
能源环境保护	2003	县域土地复垦潜力分析方法研究	地面坡度、土层厚度、土壤质地、水源保证情况

表5－4　增量建设用地开发利用潜力评价指标比较

来源	年份	题目	影响因素
经济地理	2010	山西省后备建设用地潜力评价	地形坡度、海拔高度
中国土地科学	2009	基于模糊数学模型的甘肃省后备建设用地评价研究	丰度评价因素：后备建设用地资源的总量、人均后备建设用地资源、区位熵 质量评价因素：缺水状况、工程地质条件、交通区位条件、工程病害、坡度
测绘技术装备	2009	宁夏主体功能区规划中可利用土地资源的计算方法	地形坡度、规划保护限制

（续表）

来源	年份	题目	影响因素
国土与自然资源研究	2009	基于 GIS 的辽宁省可利用土地资源综合评价	地形坡度、基本农田保护限制
国土与自然资源研究	2011	基于 GIS 的浮梁县建设用地适宜性评价	地面坡度、地面高程、区位因素、道路通达度、土地资源状况
地理研究	2010	主体功能区划可利用土地资源指标项及其算法	地形、水域、各类保护区、土地利用现状
国土与自然资源研究	2010	基于 GIS 的大连市渤海沿岸建设用地适宜性评价	自然因素：工程地质条件、水深条件、陆域宽度、地震断裂影响 社会因素：城镇依托条件、集疏运条件 政策因素：城市港口等相关规划、海洋功能区划
经济地理	1999	长春市城市建设用地适宜性评价	持力层深度、地表物质承载力、坡度、洪水发生频率、地下水埋藏深度
中国农学通报	2011	花房村建设用地适宜性评价的 GIS 实现	高程、坡度、地貌类型、河流、土地利用类型、县道、乡道、基础设施、农田保护、植被保护、水域保护

（2）指标归纳合并

对文献中出现次数多和引用度高的文献进行统计，并对意义相同的指标进行合并，对农村建设用地、城市建设用地和后备建设用地开发利用潜力的评价指标按照自然资源、生态环境、社会经济、政策制度进行了汇总，如表 5－5所示。

表 5－5　　建设用地开发利用潜力评价指标初选

农村建设用地潜力			
自然资源	生态环境	社会经济	政策制度
坡度 水源条件	水污染 土壤污染 河流缓冲区距离 水源补给类型 生物多样性 地质灾害 水土流失	地方财政收入 地均 GDP（国内生产总值） 农民人均收入 路网密度 城镇化率 政策因素 公共设施用地比重 人均耕地面积 人均未利用地面积 （人均后备建设用地面积） 单位面积农作物产量 从事农业与非农产业人口比 农民受教育程度 农村青壮年人口比例 单位农用地劳动力人数	各类保护区 各类控制区
城市建设用地潜力			
自然资源	生态环境	社会经济	政策制度
坡度 高程	绿地率 污水处理率 大气污染指数 环境噪声达标指数 饮用水源水质达标率 固体废弃物处理率	平均容积率 建筑密度 土地闲置率 建成区比重 地价增幅指数 基础设施完善程度 公共设施完善程度 道路交通通达度指数 单位面积住宅销售额 单位面积工业销售额 地均固定资产投入 地均基础设施投入 土地利用结构合理性	政策完善度 公众参与度

（续表）

后备建设用地开发利用潜力			
自然资源	生态环境	社会经济	政策制度
滑坡 泥石流 水文地质 自然灾害 地形地貌 地面坡度 地面高程 持力层深度 地基承载力 地表组成物质	水质量 大气质量 生物多样性 河流缓冲区距离 湖泊缓冲区距离 土壤有害物含量	GDP 区位因素 路网密度 政策支持力度 人均后备建设用地面积 后备建设用地资源总量 后备建设用地利用类型	各类保护区 各类控制区

（3）评价指标确定

初步建立起来的指标体系非常全面，包括研究对象的全部可能指标，因此需要对初建指标体系的“可能全集”进行筛选，包括对单个指标和整个指标体系的识别，以保证单个指标的科学性和指标体系整体的科学性，本书在指标初选的基础上，通过与专家交流和实地调研对初选指标进行了增补、删减、移动，并再次咨询专家意见，最终确定了建设用地开发利用潜力评价指标体系。

5.2.5　约束指标体系的构成

省域建设用地最大潜力是在多种因素的限制下具备的潜力，这是指标体系构建和指标选取的基础。省域建设用地开发利用潜力评价指标体系的基本框架分为四个层次，即目标层、准则层、因素层和因子层，如表 5－6 与表 5－7所示。

目标层为建设用地开发利用潜力测算。准则层由刚性约束指标和弹性约束指标构成。刚性约束指标包括自然资源、生态环境、政策制度三个方面，弹性约束指标包括社会经济，这四个方面构成了因素层。因子层由相应评价指标构成。

表 5-6　　存量建设用地开发利用潜力评价指标体系

目标层	准则层	因素层	因子层
存量建设用地开发利用潜力评价	刚性约束指标	自然资源	坡度 人均水资源量
		生态环境	水域 地表水水质（河流水质） 生物多样性 空气综合污染指数
		政策制度	各类保护区 各类控制区
	弹性约束指标	社会经济	城市污水处理率 城镇化率（城镇化水平） 路网密度 地方财政收入 城镇建筑密度 城镇地均固定资产投入 农村人均建设用地 农村人均居民点用地 人均城镇建设用地面积 单位建设用地二、三产业产值

表 5-7　　增量建设用地开发利用潜力评价指标体系

目标层	准则层	因素层	因子层
增量建设用地开发利用潜力评价	刚性约束指标	自然资源	坡度 地面高程 人均水资源量
		生态环境	河流水质 生物多样性 水域 空气综合污染指数 地质灾害易发程度
		政策制度	各类保护区 各类控制区

（续表）

目标层	准则层	因素层	因子层
增量建设用地开发利用潜力评价	弹性约束指标	社会经济	城市污水处理率 路网密度 城镇化率 地方财政收入 人均后备建设用地面积 土地资源状况类型 （后备建设用地开发难易程度）

部分指标说明如下。

① 坡度。地面坡度影响建筑物的安全性和建设成本。平缓地形对建设用地开发利用有利，坡度较大地区会制约建设用地开发利用。

② 地面高程。地面高程是指地面某点到大地水准面的高度，通常称为绝对高程或海拔，它的变化会引起土壤、岩性、气候、植被等自然因素的综合变化，从而影响工程设施的建设。一般来说，海拔越高对工程设施建设的限制性因素越多，给建设带来的难度越大。

③ 人均水资源量。生产生活均离不开水资源，区域的开发建设在很大程度上受到水资源和需水结构的约束。人均水资源量的计算公式为：人均水资源量 = 区域水资源总量/区域总人口。

④ 空气综合污染指数。空气是人及其他大部分生物不能缺少的物质，大气污染是影响居民生活及生命安全的一种大气现象，大气污染严重的地区不利于进行建设开发，空气质量好的地区开发建设的余地更大。空气综合污染指数是各项空气污染物的单项因子的指数和，空气综合污染指数数值越大，表示空气污染程度越严重，空气质量越差。

⑤ 地表水水质。地表水水质是指地表水资源的质量及受污染的程度。地表水不仅是城乡经济社会可持续发展的战略性基础资源，也是城乡自然生态系统良性循环的关键性要素。地表水的质量、分布及其环境功能和保护目标，已成为建设用地开发和功能布局的重要限制因素。

⑥ 生物多样性。生物多样性是生命有机体及其借以存在的生态复合体的

多样性和变异性。生物多样性对于维护生态安全和生态平衡、改善人居环境等具有重要意义，因此在城乡建设和发展中应重视生物多样性的保护。

⑦ 水域。水域包括河流、湖泊和水库，土地的建设和开发对附近水域的生态环境有很大影响，原则上开发用地应尽可能远离水域，以免造成对水域生态系统的破坏和污染。本书直接扣除水域。

⑧ 各类保护区、控制区。保护区的种类很多，包括自然保护区、文物保护区、水源地保护区、山体资源特殊保护区、基本农田保护区等。本书直接扣除各类保护区。

⑨ 城市污水处理率。城市污水处理率指经管网进入污水处理厂处理的城市污水量占污水排放总量的百分比。计算公式：城市污水处理率 = 城市污水处理量/城市污水排放总量 ×100%。

⑩ 路网密度。路网密度是衡量区位优势的指标，路网密度高，有利于建设用地的开发建设。计算公式：路网密度 = 区域道路的长度/区域总面积。

⑪ 城镇化率。对建设用地开发利用来说，这是一个双向影响指标。计算公式：城镇化率 = 城镇人口/总人口（常住人口）×100%。

⑫ 地方财政收入。存量土地潜力挖掘需要资金支持，大多数地区的土地整理和复垦，仍以政府投资为主，地方政府能够提供充裕资金，有利于建设用地的开发建设。

⑬ 单位建设用地二、三产业产值。单位建设用地二、三产业产值指基准年评价区域第二、第三产业产值之和与评价区域建设用地总量的比值，反映土地产出效益状况，其值越高，表明土地的集约程度越高。计算公式：单位建设用地二、三产业产值 = 第二、第三产业产值之和/建设用地总量 ×100%。

⑭ 城镇地均固定资产投入。城镇地均固定资产投入指基准年城镇固定资产投资额与城镇土地面积的比值，反映土地产出效益状况，反映城镇土地的经济总投入强度，单位面积固定资产投资越大，说明土地利用强度越高，集约度越高，潜力越小。计算公式：城镇地均固定资产投入 = 城镇固定资产投资额/土地面积 ×100%。

⑮ 农村人均建设用地。农村人均建设用地指农村建设用地面积与农业人口

数量之比。农村人均建设用地面积越大，存量土地可挖掘潜力越大，相反则越小。计算公式：农村人均建设用地 = 农村建设用地面积/农业人口数量 ×100%。

⑯ 农村人均居民点用地。农村人均居民点用地指农村居民点用地面积与区域农业人口数量之比。人均居民点用地面积越大，存量土地可挖掘潜力越大，相反则越小。计算公式：农村人均居民点用地 = 农村居民点用地面积/区域农业人口数量 ×100%。

⑰ 城镇建筑密度。城镇建筑密度是反映土地利用强度最直接的指标。在一定限度内，建筑密度越高，土地利用率越高，土地利用强度越大，集约利用水平越高，存量土地可挖掘潜力越小。计算公式：城镇建筑密度 = 建设用地的基底面积/建设用地面积。

⑱ 地质灾害易发程度。地质灾害易发程度指地质灾害发生频率的空间分布情况等，建设用地应该尽量避开地质灾害点。

⑲ 人均后备建设用地面积。该指标反映增量建设用地的开发利用潜力。计算公式：人均后备建设用地面积 = 区域后备建设用地总面积/区域总人口。

⑳ 土地资源状况类型。不同类型的土地开发难易程度和可行性不同。禁止开发的土地类型有基本农田、水域、保护区；较难开发的土地类型有林地、未利用地；比较容易开发的土地类型有园地、草地；较容易开发的土地类型有普通耕地、农村居民点、城镇及工矿用地。

5.2.6　约束指标体系的逻辑关系

评价指标和指标体系是对被评价对象全部或部分特征的真实反映，其准确反映事物的真实程度是评价结论准确、可靠的保障。

目前，很多指标体系没有理顺各指标之间的逻辑关系，仅通过权重系数来体现各指标在评价体系中的重要程度，不能体现各指标之间具有怎样的内在联系。在构建建设用地开发利用潜力评价指标体系的过程中，要体现出指标间的逻辑关系，既要体现出制约潜力的各个因素，又要保证各指标的内涵和外延具有互斥性。

建设用地开发利用潜力的影响因素是多方面的，本书以约束理论为基础，分析在各种限制因素的影响下，建设用地的最大开发潜力是多少。这些限制因素包含对建设用地开发利用潜力制约比较大的刚性约束因子和对建设用地开发利用潜力制约一般的弹性约束因子，两类因子共同构成了对潜力的限制，共同决定了区域建设用地开发利用的最大潜力。

省域建设用地开发利用潜力评价指标，从逻辑关系上可分为刚性约束指标和弹性约束指标两大类。在刚性约束指标中包括对建设用地开发利用潜力起到严重限制的自然资源、生态环境和政策制度三个方面的指标。弹性约束指标中包括对建设用地开发利用潜力起到一般限制的社会经济指标。该体系自上而下由目标层、准则层、因素层、因子层四个层次构成，在体系中，每一层指标都受上一层相应指标控制，且能够反映下一层指标的信息。

5.3 约束指标阈值界定

5.3.1 指标阈值

（1）阈值

阈者，门槛也，最早出自《论语·乡党》：“立不中门，行不履阈”，后引申为界限或范围。阈值是系统或物质状态发生剧烈改变的那一个点或区间，“临界值”“警戒值”的提法比较多。

事物性质的变化经历由量变到质变、由渐变到突变的过程，因此阈值也可理解为事物变化过程中量变或渐变积累的上限或下限，即描述事物由量变到质变或由渐变到突变的转折点的指标值。在实践中，阈值的含义已经得到丰富和扩展，人们根据自己的价值取向，在衡量事物得失与决策取舍时设计了各种阈值。阈值研究有助于深刻揭示事物发展的规律和本质特征，控制和把握事物发展的趋势，协调系统的运行与功能，对于寻求土地利用—自然资源—社会经济复合系统健康运行的阈值区间，了解事物发展变化的规律，在建设用地的开发利用过程中把握各因素顺利运行的阈值具有重要意义。

（2）约束指标阈值

约束指标阈值是指约束指标发生变化的临界点，它代表着发生重大变化的转折。评价中确定指标值，重点是确定指标阈值。约束指标阈值代表指标对建设用地开发利用潜力限制的大小，包括严重约束、较重约束、一般约束和无约束四级，代表对建设用地开发利用潜力的约束从大到小。在评价中，约束指标阈值也称合理值、理想值。

5.3.2　指标阈值的确定方法

一般而言，评价指标的阈值可以在评价区域通过典型样本取得，也可以依据类似区域的科学实验结果和国家或地区指定的标准确定。因为指标的特性不同，所以指标阈值也有所不同，指标阈值可以是一个确定的值，也可以是一个区间。目前，一般通过以下几种方法确定指标的阈值。

（1）国家、地方、行业标准或区域各种规划指标

如区域森林覆盖率规划目标、人口增长数量控制目标等。有时还以全国、全省相应指标的平均值作为评价指标的阈值。

（2）区域背景值或本底值

可以将评价区域生态环境、社会经济的背景值或本底值作为评价标准，如 GDP、城镇居民可支配收入等，也可以自然条件相似的未受人类干扰的土地利用系统作为标准，比如生物多样性等。

（3）经验阈值

根据选择的指标，询问相应领域的专家意见来确定阈值，如果指标涉及不同领域，那么需要向多个领域的专家进行咨询。

（4）调查阈值

土地利用相关的许多指标值的确定，如土地政策有效性和稳定性指标，需要对土地利用的参与者进行调查，通过实地调查，了解他们对某些问题的观点、态度，在对调查结果分析的基础上确定指标阈值。

（5）统计阈值

分析评价指标在不同土地利用类型中的历史数据，通过寻找趋势线的转

折点、频率统计、聚类等数学分析方法确定评价指标的阈值。

（6）实验阈值

对于一些指标，可以进行物理、化学、生物等综合研究，配合科学实验农户调查，然后将测得的底线值和警戒值作为指标的阈值。

5.3.3 约束指标阈值的确定

指标阈值影响建设用地开发利用潜力的有无和大小，因此应针对不同指标的特征，依据相关原则，选取恰当方法确定研究区域的指标阈值。

5.3.3.1 刚性约束指标阈值

（1）坡度

参考《中华人民共和国水土保持法》，并且在对各种城乡建设所要求的坡度进行综合分析的基础上，确定了坡度的阈值。

严重约束：>25°。

较重约束：>10°~25°。

一般约束：6°~10°。

无约束：<6°。

（2）地面高程

严重约束：>200m。

较重约束：>100~200m。

一般约束：60~100m。

无约束：<60m。

（3）人均水资源量

全国人均水资源量为1800m^{3}左右，湖南省人均水资源占有量为2500m^{3}左右，参考国际标准和相关文献，确定了人均水资源量的阈值。

严重约束：<500m^3。

较重约束：500~<2000m^3。

一般约束：2000~4000m^3。

无约束：>4000m^3。

（4）生物多样性

根据《关于加强城市生物多样性保护工作的通知》，从生态保护和土地可持续利用的角度出发，在进行城乡建设时应注重对生物多样性的保护，本书在此基础上参考相关文献，确定了生物多样性阈值。

严重约束：生物多样性丰富，极重要区域。

较重约束：生物多样性较丰富，比较重要区域。

一般约束：生物多样性一般，中等重要区域。

无约束：生物多样性单一，一般区域。

（5）地质灾害易发程度

根据《全国地质灾害防治“十二五”规划》《地质灾害防治条例》以及相关地方性法规或规章对地质灾害区的划分，确定了阈值。

严重约束：地质灾害高易发区。

较重约束：地质灾害中易发区。

一般约束：地质灾害低易发区。

无约束：地质灾害不易发区。

（6）空气综合污染指数

依据《环境空气质量标准》、近几年湖南省环境状况公报确定了空气综合污染指数阈值。

严重约束：>2.5mg/m^3。

较重约束：>2.0～2.5mg/m^3。

一般约束：1.5～2.0mg/m^3。

无约束：<1.5mg/m^3。

（7）地表水水质

根据《地面水环境质量标准》（GB 3838—2002），将地表水按环境功能和保护目标的高低划分为五类，每一类有其所适用的范围，地表水和地下水相比，较易受到环境等各种因素的污染，因此应加强对地表水的保护。参照《地面水环境质量标准》确定地表水水质的阈值。

严重约束：V。

较重约束：Ⅳ。

一般约束：Ⅲ。

无约束：Ⅰ、Ⅱ。

5.3.3.2 弹性约束指标阈值

（1）路网密度

主要参照《城市综合交通体系规划标准》的相关规定和已有研究成果，确定了路网密度阈值。

严重约束：<0.03km/hm^2。

较重约束：0.03~0.05km/hm^2。

一般约束：>0.05~0.10km/hm^2。

无约束：>0.10km/hm^2。

（2）城镇化水平

根据相关研究和国际经验，依据城镇化不同发展阶段的发展特征和土地利用变化情况，确定了阈值。城镇化阶段划分如表5-8所示。城镇化与土地利用的关系如图5-2所示。

表5-8　　城镇化阶段划分

城镇化进程阶段	城镇人口比重
初期	$X<30\%$
中期	$30\%\leqslant X\leqslant 70\%$
后期	$70\%<X<100\%$
末期	$X=100\%$

严重约束：<30%或>90%。

较重约束：30%~40%。

一般约束：>40%~60%。

无约束：>60%~90%。

（3）地方财政收入

对于这类具体的经济数值指标，我们选取湖南省122个县区中土地开发利用比较好的城镇作为对象，以它们的年平均值作为阈值。

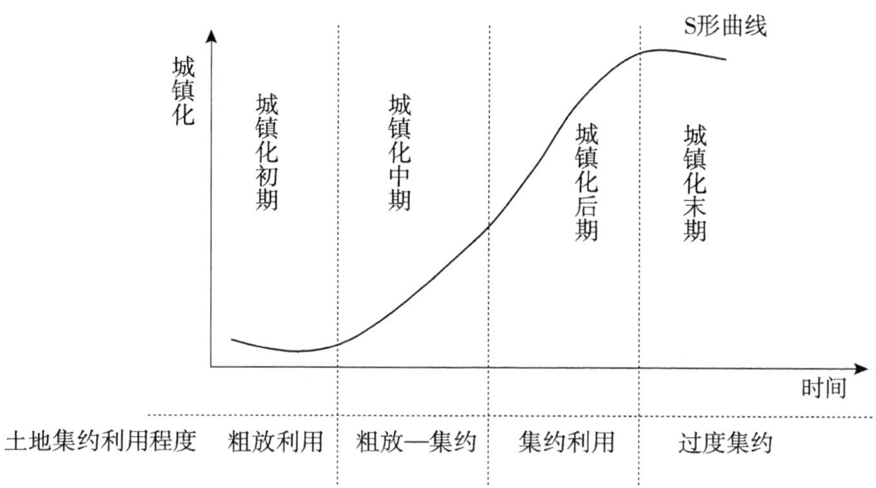

图 5－2　城镇化与土地利用的关系

严重约束：＜10000 万元。

较重约束：10000 万～50000 万元。

一般约束：＞50000 万～100000 万元。

无约束：＞100000 万元。

（4）单位建设用地二、三产业产值

依据相关研究中对土地报酬递减规律的研究和研究区域的情况确定了阈值。土地投入与产出的关系如表 5－9 所示。

表 5－9　土地投入与产出的关系

发展阶段	经济内涵
粗放利用	平均报酬、边际报酬和总报酬都处于递增状态
集约利用	平均报酬等于边际报酬之后到边际报酬等于零之前。这一阶段边际报酬小于平均报酬，且同时递减，但总报酬持续上升
过度集约	边际报酬达到零，总报酬达到最大，边际报酬和生产弹性均为负增长，且平均报酬继续递减，总报酬也趋于下降

严重约束：＞200000 万元。

较重约束：＞150000 万～200000 万元。

一般约束：100000 万～150000 万元。

无约束：<100000 万元。

（5）城镇地均固定资产投入

由于各个城镇经济发展水平不尽相同，界定经济影响因素的阈值比较困难，对于这类具体的经济数值指标，我们选取湖南省 122 个县区中土地开发利用比较好的城镇作为对象，以它们的平均值作为阈值。

严重约束：>10 亿元/hm^2。

较重约束：>6 亿 ~10 亿元/hm^2。

一般约束：2 亿 ~6 亿元/hm^2。

无约束：<2 亿元/hm^2。

（6）农村人均建设用地

根据《镇规划标准》（GB 50188—2007）和湖南省村庄人均建设用地指标的规定确定农村人均建设用地的阈值。

严重约束：<110m^2/人。

较重约束：110 ~ <130m^2/人。

一般约束：130 ~150m^2/人。

无约束：>150m^2/人。

（7）农村人均居民点用地

根据《镇规划标准》《湖南省土地利用总体规划（2006—2020 年）》以及湖南省村庄人均建设用地指标（见表 5 - 10）的规定，确定了阈值。

表 5 - 10　　湖南省村庄人均建设用地指标

用地类别	人均用地指标（m^2/人）		
	Ⅰ级	Ⅱ级	Ⅲ级
居住建筑用地	40 ~70	50 ~84	60 ~98
村庄总建设用地	80 ~100	100 ~120	120 ~140

严重约束：<40m^2/人。

较重约束：40 ~ <50m^2/人。

一般约束：50 ~60m^2/人。

无约束：>60m²/人。

（8）城镇建筑密度

依据《中华人民共和国工程建设标准强制性条文：城乡规划部分（2013年版）》和《城市居住区规划设计规范》等，确定了阈值。

严重约束：>70m²/人。

较重约束：>50～70m²/人。

一般约束：30～50m²/人。

无约束：<30m²/人。

（9）人均城镇建设用地面积

根据《城市用地分类与规划建设用地标准》（GB 50137—2011）的规定，考虑湖南省人均城镇建设用地情况，确定了阈值。

严重约束：<70m²/人。

较重约束：70～<90m²/人。

一般约束：90～110m²/人。

无约束：>110m²/人。

（10）污水处理率

依据《中华人民共和国环境保护法》《湖南省“十二五”环境保护规划》《湖南省“十三五”环境保护规划》《“十二五”全国城镇污水处理及再生利用设施建设规划》《湖南省“十二五”城镇污水处理及再生利用设施建设规划》，确定了阈值。

严重约束：<80%。

较重约束：80%～85%。

一般约束：>85%～90%。

无约束：>90%。

（11）人均后备建设用地面积

参考国际经验，结合我国和湖南省土地情况确定了阈值。

严重约束：<0.5 亩/人。

较重约束：0.5～1 亩/人。

一般约束：>1～1.5 亩/人。

无约束：>1.5 亩/人。

(12) 后备建设用地开发难易程度

根据建设用地开发难易程度，依据相关文献确定了阈值。

严重约束：建设开发难度大，主要为未利用地。

较重约束：建设开发难度较大，主要为林地。

一般约束：建设开发难度一般，主要为园地、草地。

无约束：容易开发，主要是耕地。

5.4 约束指标权重

5.4.1 指标权重的确定方法

在建设用地开发利用潜力评价指标体系中，每个指标所产生的影响和作用不完全相同，为了使评价结果更为客观，需要给各个指标赋予一定的权重。权重的确定方法主要有德尔菲法、层次分析法、因子分析法、信息熵法、主成分分析法、灰色关联和变异系数法。下面简单介绍二种常用的方法。

(1) 德尔菲法

德尔菲法是邀请相关领域的专家，根据专家的知识和经验，对拟定的指标进行分析和判断并且赋予相应权重的一种方法。一般需要经过多次匿名调查，调查之后对专家意见进行处理，对意见的集中程度、离散程度和协调程度等进行分析，在不断反馈和修改中得到各评价指标的初始权重，对其进行归一化处理后，即可确定最终的权重。

(2) 层次分析法

该方法是一种定性与定量相结合的决策分析方法。这一方法常被用于研究多目标、多准则、多要素、多层次的非结构化复杂决策问题。这种方法的主要思想是将决策者对复杂问题的决策思维过程进行层次化、数量化，并运用数学方法为分析、决策、预报或控制提供定量的依据。

（3）因子分析法

该方法是根据原始矩阵的相关系数矩阵含有的信息，建立因子模型，把一些具有复杂关系的变量归结为少数几个综合因子的一种多变量统计分析方法。其基本思想是根据相关性高低对变量进行分组，使同组内的变量之间相关性较高，不同组的变量之间相关性较低。每组变量代表一个基本结构，因子分析法中将之称为公共因子。

5.4.2　约束指标权重的确定

由于各指标对建设用地开发利用潜力的影响程度不同，故引入了权重的概念，权重的大小直接反映了各因素对建设用地的影响程度，权重越大，对建设用地影响越大。由于刚性指标涵盖了影响突出的因素，对建设用地影响较大，一旦涉及就必须考虑，根本不需要进行影响程度，即权重的确定。在建设用地开发利用潜力评价研究中，指标权重仅对弹性约束指标有效。我们邀请了土地规划、土地整治等方面的六位专家，采用德尔菲法，经过 2 轮的打分，最终确定了研究区基本指标的权重，流程如图 5－3 所示。

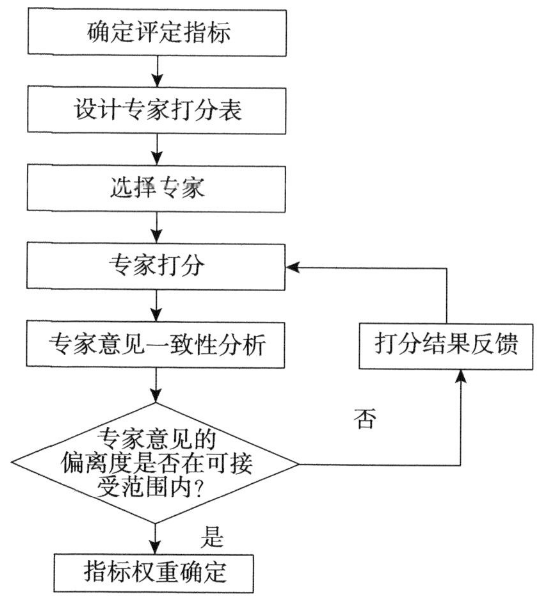

图 5－3　指标权重的确定流程

5.5 本章小结

本章依据木桶原理和约束理论提出了约束指标的概念，并根据指标对建设用地开发利用潜力影响的程度和方向，将约束指标分成刚性约束指标和弹性约束指标。在分析省域建设用地利用特点的基础上，遵循科学性、可持续发展、可操作性、一致性、代表性、系统性原则，选用综合法对目前研究中的评价指标进行整理归类，运用因子分析法对影响建设用地开发利用潜力的因素进行了分析，运用指标属性分组法对影响因素进行了分类，在上述基础上完成了建设用地开发利用潜力评价指标的初选，运用德尔菲法和实地调研确定了建设用地开发利用潜力评价指标体系，并对指标之间的逻辑关系进行了阐述，依据国家标准、规范、相关政策以及其他区域相关研究成果和实地调研，确定约束指标阈值。

第6章　省域建设用地开发利用潜力评价模型构建

6.1　建设用地开发利用潜力评价方法介绍

土地潜力评价常用的方法有极限条件法、模糊综合评价法、层次分析法、BP人工神经网络模型、综合指数和法、GIS技术方法和主成分分析法。下面比较分析几种常用的评价方法。

6.1.1　极限条件法

极限条件法是以系统工程中的“木桶原理”为基础的，即条件最差的因子的质量决定整体质量。这一方法的基本原理是：综合分析土地开发利用的众多影响因子，考虑其中最弱的一个因子，即瓶颈，最弱的因子限制了土地的潜力，只要有一个因子限制了土地的开发利用，即使其他条件再好土地也没有潜力，比如，在潜力评价过程中，土地利用类型作为一个限制性因素，当土地利用现状为基本农田时，会严重影响这一评价单元建设用地的开发，无论其他条件多么好，都只能将其划分为无潜力等级。

该方法主要强调主导因子的作用，将单项因子评价中的最低等级直接作为综合评价的等级。该方法简单易操作，能体现个别极端因子对土地潜力的影响，但该方法未考虑到在一些情况下，土地某些方面的不足可以通过其他部分来弥补，因此得出的结论过于绝对。

6.1.2 综合指数和法

综合指数和法是按照一定的定量标准给各个指标评分，并赋予权重，然后加权求和，根据计算分值来判断该建设用地潜力大小的方法。该方法比较全面地反映出每个因子对潜力的影响，求取综合评价结果，但是掩盖了最关键因子的作用，没能反映出对建设用地开发利用潜力有刚性限制的指标的作用，计算公式如下：

$$G = \sum_{i=1}^{n} W_i \cdot P_i$$

式中：G——每个评价单元的最终的指数和；

P_i——第 i 个因子的分值；

W_i——第 i 个因子的权重；

n——评价因子的个数。

6.1.3 GIS 技术方法

GIS 是计算机硬件、软件、地理数据和人构成的，能够获取、存储、处理、分析和显示所有与空间有关的各类信息，其空间分析功能非常强，在土地潜力评价研究中能够发挥重大作用。GIS 在土地潜力评价中的应用非常广泛，借助 GIS 技术方法可以提高数据处理能力，对属性数据与空间数据进行综合分析，并且能够提供可视化成果。运用 GIS 技术进行建设用地开发利用潜力评价，主要包括建立空间数据库、数据叠加分析和成果输出三项内容。

6.2 基于多约束的省域建设用地开发利用潜力评价模型构建

6.2.1 建设用地开发利用潜力评价方法比较

对常用的建设用地开发利用潜力评价方法进行比较，总结各自的优缺点，具体分析比较如表 6－1 所示。

表 6－1 建设用地开发利用潜力评价方法比较

名称	优点	缺点
极限条件法	着重强调主要限制因子的作用，简单、易操作	没考虑其他因子对土地的影响，结论过于草率和绝对
综合指数和法	能用简单的计算反映出评价对象的整体水平	没有体现出关键影响因子的作用及一些因子会产生的质的影响
模糊综合评价法	可以得出多个研究方案	确定隶属函数比较困难
层次分析法	可靠度高，误差小，相对成熟	对选取的因子的多少有限制，没有充分利用已有定量信息
GIS 技术方法	具有强大的数据加工、数据处理和空间分析功能	成本比较高
主成分分析法	全面，客观合理	需要大量的统计数据

6.2.2 建设用地开发利用潜力评价模型构建

本书选择综合指数和法和极限条件法，运用 GIS 技术开展建设用地开发利用潜力评价研究。综合指数和法容易理解、计算简便，但是这种方法没有体现出关键限制因子的作用。极限条件法能够体现出关键影响因子的作用。因此本书将极限条件法与综合指数和法相结合，依据极限条件法定性分析判断建设用地开发利用潜力的“有”与“无”，按照综合指数和法进行定量等级划分。从省域土地利用特点出发，利用 ArcGIS 9.3 操作平台来分析评价单元的潜力。

根据各评价指标对建设用地开发利用潜力的影响，将评价指标分为刚性约束指标和弹性约束指标两大类。刚性约束指标是由那些对建设用地开发利用潜力具有显著影响的指标因子组成的，为了突出这部分因子的限制作用，将刚性约束指标的定量分值作为综合评价的影响系数之一，进行综合考虑，来确定评价分值。

综合评价分值设为 W，其计算公式如下：

$$W = K \cdot \sum_{i=1}^{m} A_i \cdot B_i$$

式中：W——评价单元的潜力综合评价分值，值高者为优；

K——刚性约束指标定量分值；

m——弹性约束指标因子数；

A_i——第 i 项弹性约束指标的定量分值；

B_i——第 i 项弹性约束指标权重。

6.2.3 省域建设用地开发利用潜力评价步骤

（1）扣除禁止开发用地

根据《中华人民共和国自然保护区条例》《饮用水水源保护区划分技术规范》《基本农田保护条例》等，从保护的角度出发，各类保护区均禁止建设开发，扣除各类控制区面积。运用 GIS 技术，对各类保护区和基本农田面积进行扣除。

（2）定性分析

运用极限条件法（“一票否决”法），确定有无潜力以及综合评价系数，主要根据刚性约束指标对建设用地潜力限制的大小，来确定土地有无潜力，考虑到各指标对潜力的影响程度不同，对单因子采用 0、1、2、10 四级量化标准，分别表示某种因子对潜力约束的高低。具体步骤如下。

①约束指标中出现“严重约束”级的二级指标，赋 0 分，直接确定该区域建设用地无开发利用潜力；

②约束指标中“较重约束”级的二级指标，赋 1 分；

③约束指标中“一般约束”级的二级指标，赋 2 分；

④其他“无约束”级的二级指标，赋 10 分；

⑤利用 GIS 刚性约束指标和弹性约束指标专题图进行 GIS 叠加，叠加过程如图 6－1 所示；

⑥输出属性数据，得出刚性约束指标定量分值 K。

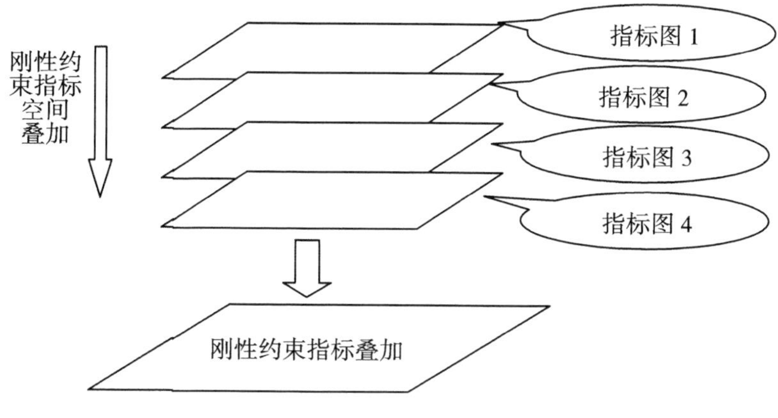

图 6－1　评价指标叠加过程

利用 GIS 刚性约束指标和弹性约束指标专题图进行 GIS 叠加计算综合分值的过程如下：刚性约束指标分别生成指标分级图，分级图进行叠加，按照取小原则（图层叠加时约束程度由最大约束等级值确定，体现了木桶原理的短板限制），生成该评价单元的刚性指标叠加图，确定刚性约束指标中的"一票否决"评价单元。

（3）定量计算

根据各评价指标对建设用地开发利用潜力的影响，将评价指标分为刚性约束指标和弹性约束指标两大类。刚性约束指标是由那些对建设用地开发利用潜力具有显著影响的指标因子组成的，为了突出这部分因子的限制作用，采用将弹性约束指标的加权指数和刚性约束指标的定量分值作为影响系数，进行综合考虑的方法来确定评价单元的分值。

6.2.4　省域建设用地开发利用潜力评价

通过定性分析和定量计算，确定建设用地开发利用潜力评价结果。评价过程如下。

（1）扣除禁止开发用地

根据相关规定，对地质公园、风景名胜区、森林公园、自然保护区、基本农田和河流水域面积进行扣除。

（2）定性分析

对建设用地开发利用潜力的刚性约束指标进行定性分析，研究刚性约束指标对建设用地潜力约束的大小，进行定性划分，得出各个刚性约束指标的定量分值，并生成评价指标分级图，将刚性约束图进行叠加，根据取小原则，确定评价单元的定量分值。

刚性约束指标分析（以芙蓉区为例）如表6－2所示，刚性约束指标定性分析汇总如表6－3所示。

表6－2　刚性约束指标分析（以芙蓉区为例）

区县	刚性约束指标	约束因子	定量标准				刚性约束指标定量分值
			严重约束（0分）	较重约束（1分）	一般约束（2分）	无约束（10分）	
芙蓉区	自然资源	坡度					
		地面高程					
		人均水资源量					
	生态环境	河流水质					
		生物多样性					
		空气综合污染指数					
	政策制度	各类保护区					

表6－3　刚性约束指标定性分析汇总

区县	刚性约束指标定量分值						刚性约束指标定量分值 K	有无潜力
	坡度	地面高程	人均水资源量	河流水质	生物多样性	空气综合污染指数		
芙蓉区								
天心区								
……								
岳麓区								
开福区								

（3）定量计算

根据评价模型，采用公式 $W = K \cdot \sum_{i=1}^{m} A_i \cdot B_i$ 计算各区县的潜力综合评价分值，汇总如表 6－4 所示。

表 6－4　　潜力综合评价分值汇总

区县	刚性约束指标定量分值 K	弹性约束指标定量分值						弹性约束指标权重 B_i	弹性约束指标定量分值 A_i	潜力综合评价分值 W
		污水处理率	绿化率	路网密度	城市化率	地方财政收入	……			
芙蓉区										
天心区										
……										
新宁县										
新化县										

（4）评价潜力分级

依据潜力综合评价分值，按照等级划分表划分潜力等级。对分值进行分级，输出分级图。根据潜力综合评价分值和分级标准将潜力分为四级：Ⅰ级、Ⅱ级、Ⅲ级、Ⅳ级。分值越高，建设用地开发利用潜力越大。潜力评价分级如表 6－5 所示。

表 6－5　　潜力评价分级

等级	等级特征	潜力综合评价分值
Ⅰ级	建设用地开发利用潜力大	>60 分
Ⅱ级	建设用地开发利用潜力较大	>45～60 分
Ⅲ级	建设用地开发利用潜力较小	>20～45 分
Ⅳ级	无建设用地开发利用潜力	0～20 分

6.3 本章小结

本章介绍了建设用地开发利用潜力评价常用的方法，并对常用的各种评价方法进行了比较分析，结合本书的研究目的，将极限条件法与综合指数和法结合，构建了潜力评价模型，既考虑了刚性约束指标对建设用地开发利用潜力的绝对限制，通过极限条件法对其采取“一票否决”制，又综合考虑其他弹性约束指标对建设用地开发利用潜力的相对限制，并介绍了依据模型开展建设用地开发利用潜力评价的步骤，为进行实证区域的研究奠定了基础。

第 7 章　湖南省建设用地开发利用潜力评价

7.1　研究区概况

湖南省位于我国中部地区，土地总面积 21.18 万平方千米，约占全国土地总面积的 2.2%。因地处长江经济带与华南经济圈的结合部，其区位优势显著。辖 13 个市、1 个自治州、122 个区县。地貌以山地、丘陵为主，有洞庭湖和湘、资、沅、澧四大水系，水热资源、矿产资源、森林和草原丰富，经济不断发展，综合实力不断提高，湖南省社会经济情况如表 7－1 所示。

表 7－1　　湖南省社会经济情况

城市	地方财政收入（万元）	地区生产总值 GDP（亿元）	全社会固定资产投资（亿元）	总人口（万人）	城镇化率（%）	城镇居民可支配收入（元）	农民人均纯收入（元）
长沙市	3142836	4547.06	3066.73	704.07	67.69	22814	11205.87
株洲市	780383	1274.85	808.48	385.71	55.48	19643	7657.88
湘潭市	473796	894.01	636.67	275.22	50.11	18059	7816.56
衡阳市	758927	1420.34	641.15	714.84	44.50	15635	7219.60
邵阳市	315278	730.33	612.59	707.17	32.84	11698	3759.91
岳阳市	518990	1539.36	826.92	547.61	46.01	17312	5988.47
常德市	700205	1491.57	613.22	571.46	38.87	15502	5634.67
张家界市	143058	242.48	143.64	147.81	36.19	12705	3668.32
益阳市	244957	712.27	460.29	430.79	39.86	15398	5616.52

（续表）

城市	地方财政收入（万元）	地区生产总值GDP（亿元）	全社会固定资产投资（亿元）	总人口（万人）	城镇化率（%）	城镇居民可支配收入（元）	农民人均纯收入（元）
郴州市	627107	1081.76	811.32	458.17	41.70	15342	5207.49
永州市	330059	767.16	642.12	519.48	35.38	15041	5060.90
怀化市	356709	674.92	446.98	474.17	36.09	12523	3520.27
娄底市	300079	680.72	400.30	378.46	34.97	15025	3364.60
湘西土家族苗族自治州	177831	303.44	208.50	254.96	34.72	12115	3173.04

数据来源：《湖南统计年鉴2014》。

7.2 土地利用情况

7.2.1 湖南省土地利用总体情况

2014年，湖南省土地总规模2118.36万公顷。其中：农用地1821.52万公顷，占土地总量的85.99%；建设用地159.56万公顷，占上地总量的7.53%；未利用地137.28万公顷，占土地总量的6.48%（见表7-2）。

表7-2　　　　2014年湖南省土地利用结构

单位：万公顷，%

地类		面积	比重
总计		2118.36	100.00
农用地	合计	1821.52	85.99
	耕地	415.32	19.61
	园地	66.92	3.16
	林地	1222.66	57.72
	牧草地	1.36	0.06
	其他农用地	115.26	5.44

（续表）

<table>
<tr><th colspan="3">地类</th><th>面积</th><th>比重</th></tr>
<tr><td rowspan="8">建设用地</td><td colspan="2">合计</td><td>159.56</td><td>7.53</td></tr>
<tr><td rowspan="4">城乡建设用地</td><td>小计</td><td>127.95</td><td>6.04</td></tr>
<tr><td>城镇用地</td><td>34.37</td><td>1.62</td></tr>
<tr><td>农村居民点用地</td><td>87.61</td><td>4.14</td></tr>
<tr><td>采矿与其他独立建设用地</td><td>5.97</td><td>0.28</td></tr>
<tr><td colspan="2">交通用地</td><td>13.66</td><td>0.64</td></tr>
<tr><td colspan="2">水利用地</td><td>15.24</td><td>0.72</td></tr>
<tr><td colspan="2">其他建设用地</td><td>2.71</td><td>0.13</td></tr>
<tr><td rowspan="3">未利用地</td><td colspan="2">合计</td><td>137.28</td><td>6.48</td></tr>
<tr><td colspan="2">水域</td><td>76.37</td><td>3.61</td></tr>
<tr><td colspan="2">自然保留地</td><td>60.91</td><td>2.88</td></tr>
</table>

从空间分布来看，湖南省城镇建设用地主要分布在中东部，其中长株潭地区为主要分布地区。农村用地主要分布在洞庭湖周边以及湘江流域，大致呈南北向带状分布。林地主要分布在湖南的西部、东部及南部，西部呈南北向带状分布，东部和南部成北东—南西向带状分布。水域包括湖泊、江河、水库以及小型坑塘等类型。洞庭湖为区域内最大湖泊；主要江河包括湘江、资江、沅江、澧水等；主要水库包括涔天河水库、双牌水库、欧阳海水库、东江水库、酒埠江水库、青山垅水库等；区域内的小型坑塘主要沿洞庭湖至湘江等主要江河流域呈南北向带状分布。湖南省的牧草地与未利用地零星分布于区域内。

7.2.2　湖南省土地利用变化情况

（1）城镇建设用地变化情况

1990—2010 年，湖南省的城镇建设用地呈加速扩张趋势，城镇建设用地的增加以占用农村用地为主，为其扩张面积的 90% 左右，其次为占用林地。

（2）林地变化情况

1990—2010 年，湖南省的林地面积持续增加，2005 年以后林地面积增加速度明显变快，转化为林地的主要为农村用地。

（3）农村用地变化情况

1990—2010 年，湖南省的农村用地逐年呈加速减少趋势，2005 年以后农村用地减少呈加速趋势。

7.3 湖南省建设用地开发利用的约束条件

当前是湖南省加快转变发展方式、建设“两型”社会的关键时期，既要保证发展又要保护生态环境，湖南省土地开发利用面临诸多约束条件。

7.3.1 后备建设用地资源有限

湖南省土地以山地、丘陵为主，适宜进行规模开发的土地面积少。另外湖南省人口众多、人地关系比较紧张，土地供给的有限性与需求的不断增长存在着矛盾，由于山地、丘陵等土地开发难度大、开发成本高，目前还不适宜进行规模开发，湖南的后备土地资源供给不足。湖南省在发展农业生产和工业的过程中，存在山丘利用过度、湖泊水面周围开垦等一系列土地过度开发问题，土地资源承载力下降，耕地与建设用地矛盾较大。因此湖南省可供选择的开发空间非常有限。

7.3.2 资源环境负荷重

湖南省人口基数大，人均土地面积少，人均耕地不足；在全国属于水资源比较丰富的地区，但水资源时空分布不均，季节性缺水严重，另外随着工业的发展和人口的增加，地表水污染严重，能源贫乏，油气等靠省外输入。

7.3.3 生态安全形势严峻

随着工业化、城市化进程的加快，经济社会发展与资源环境的矛盾日益突出，工业“三废”排放量逐渐增长，农村化肥农药的大量使用，城市生活垃圾的堆积，造成生态环境破坏，大量的开发建设活动造成了土地的挖损、塌陷、压占，加剧了水土流失和土地破坏。

7.3.4　土地利用效率低、统筹差

由于经济结构以工业发展为主，土地利用结构不合理，工矿用地占据空间大，生态用地大量减少，土地利用粗放，单位建设用地产出较低，土地利用水平不高。在发展的过程中缺乏对城市外围及整个区域空间开发时序的统筹安排，各中心城市为获得更多的发展空间不断进行新的发展组团，建设用地持续扩张，一些城市建设用地开发布局比较混乱。

7.4　湖南省建设用地开发利用存量潜力评价

7.4.1　实证研究的思路和内容

本书结合“十二五”国家科技支撑计划重点项目“国土空间利用的约束条件识别与动态潜力评估关键技术研究”对湖南省建设用地开发利用潜力进行了评价研究。

实证研究以约束理论为基础，从建设用地开发利用潜力限制的角度出发，以湖南省 122 个区县为评价单元，探讨建立一个利于土地可持续利用、保障资源和生态安全的建设用地开发利用潜力评价体系。在分析湖南省自然资源、生态环境、社会经济和土地利用情况的基础上，运用综合法和理论分析法选取评价指标，建立基于多约束的省域建设用地开发利用潜力评价指标体系。依据经验法，确定评价指标阈值；应用德尔菲法对评价指标进行赋权，综合极限条件法和综合指数和法进行定量评价研究。由于建设用地潜力来源于存量建设用地和增量建设用地，两者的潜力影响因素不同，对湖南省 122 个县（市、区）分别进行了存量潜力、增量潜力评价，为开展省域国土规划、建设用地合理开发布局、城乡土地整治和后备建设用地开发提供决策参考。

7.4.2 约束指标体系构建

本书依据前文确定的指标筛选流程和评价指标框架，结合湖南省的实际情况和数据资料，构建了建设用地开发利用存量潜力评价指标体系（见表7－3）。

表7－3 建设用地开发利用存量潜力评价指标体系

约束指标类型	一级指标	二级指标
刚性约束指标	自然资源	坡度 地面高程 人均水资源量
	生态环境	河流水质 生物多样性 空气综合污染指数
弹性约束指标	社会经济	路网密度 城镇化水平 地方财政收入 城镇建筑密度 地均固定资产投入 农村人均建设用地 农村人均居民点用地 人均城镇建设用地面积 单位建设用地二、三产业产值

7.4.3 约束指标定量分级

建设用地开发利用潜力评价指标定量标准的确定，主要参照国内外相关标准、规范，结合评价区域的地理区位、土地利用现状及工程地质条件、地形地貌特征等自然因素特点进行具体分析。在确定评价指标阈值的过程中，遵循以下原则：按照国家、地方、行业标准；参照同类评价工作的约定标准、研究经验或国际上通用的衡量标准；以区域本底情况，或者与区域条件一致的地区的情况作为参考。

通过对各评价指标及其定量标准的分析和描述，综合考虑了研究区的实际情况及数据资料情况，确定了湖南省各评价指标的定量标准。将“严重约束”“较重约束”“一般约束”和“无约束”四级刚性约束指标对应的定量分值分别定义为“0 分”“1 分”“2 分”和“10 分”；四级弹性约束指标“严重约束”“较重约束”“一般约束”和“无约束”对应的定量分值分别设为“1 分”“3 分”“6 分”和“10 分”。分值越大，建设用地开发利用潜力越大。建设用地开发利用存量潜力评价刚性约束指标定量分级如表 7 –4 所示，建设用地开发利用存量潜力评价弹性约束指标定量分级如表 7 –5 所示。

表 7 –4　建设用地开发利用存量潜力评价刚性约束指标定量分级

一级指标	二级指标	定量标准			
		严重约束	较重约束	一般约束	无约束
		0 分	1 分	2 分	10 分
自然资源	坡度（°）	>25	>10 ~25	6 ~10	<6
	地面高程（m）	>200	>100 ~200	60 ~100	<60
	人均水资源量（m^3）	<500	500 ~ <2000	2000 ~4000	>4000
生态环境	空气综合污染指数	>2.5	>2.0 ~2.5	1.5 ~2.0	<1.5
	河流水质	Ⅴ	Ⅳ	Ⅲ	Ⅰ、Ⅱ
	生物多样性	极重要区域	比较重要区域	中等重要区域	一般区域

表 7 –5　建设用地开发利用存量潜力评价弹性约束指标定量分级

一级指标	二级指标	定量标准			
		无约束	一般约束	较重约束	严重约束
		10 分	6 分	3 分	1 分
社会经济	路网密度（km/hm^2）	>0.10	>0.05 ~0.10	0.03 ~0.05	<0.03
	城镇化水平（%）	>60 ~90	>40 ~60	30 ~40	<30 或 >90
	地方财政收入（亿元）	>10	>5 ~10	1 ~5	<1
	单位建设用地二、三产业产值（亿元/hm^2）	<10	10 ~15	>15 ~20	>20
	地均固定资产投入（亿元/hm^2）	<2	2 ~ <6	6 ~10	>10
	农村人均建设用地（m^2/人）	>150	130 ~150	110 ~ <130	<110

（续表）

一级指标	二级指标	定量标准			
		无约束	一般约束	较重约束	严重约束
		10 分	6 分	3 分	1 分
社会经济	农村人均居民点用地（m^2/人）	>60	50～60	40～<50	<40
	城镇建筑密度（%）	<30	30～50	>50～70	>70
	人均城镇建设用地面积（m^2/人）	>110	90～110	70～<90	<70

7.4.4 约束指标权重确定

由于各项评价指标因子对建设用地开发利用潜力的影响程度不同，引入了权重的概念，权重的大小直接反映了各因子对建设用地潜力的影响程度，权重越大，对建设用地的影响越大。刚性约束指标涵盖了影响突出的因素，对建设用地影响较大，一旦涉及就必须考虑，因此根本不需要进行影响程度即权重的划分。在建设用地开发利用潜力评价研究中，刚性约束指标的影响都非常显著，因此，仅确定弹性约束指标权重。本书采用德尔菲法，邀请了土地规划、土地整治方面的6位专家，经过两轮打分，最终确定了研究区基本指标的权重。专家打分见表7－6与表7－7。

表7－6　　存量潜力评价弹性约束指标权重打分（第一轮）

指标	专家打分						平均值	标准差	离散系数
	1	2	3	4	5	6			
路网密度	0.8	0.9	1.0	1.1	0.7	0.8	0.88	0.15	0.17
城镇化水平	0.8	1.1	1.0	0.7	0.7	0.8	0.85	0.16	0.19
地方财政收入	1.2	1.0	1.1	1.4	0.8	0.9	1.07	0.22	0.21
城镇建筑密度	1.3	1.5	1.2	1.0	1.5	1.4	1.32	0.19	0.14
地均固定资产投入	0.5	0.2	0.5	0.4	0.5	0.3	0.40	0.13	0.33
农村人均建设用地	1.0	0.8	1.2	1.3	1.0	0.7	1.00	0.23	0.23
农村人均居民点用地	1.8	1.6	1.6	1.7	2.0	1.5	1.70	0.18	0.11

（续表）

指标	专家打分						平均值	标准差	离散系数
	1	2	3	4	5	6			
人均城镇建设用地面积	1.2	1.3	1.0	0.8	1.5	1.0	1.13	0.25	0.22
单位建设用地二、三产业产值	0.5	0.4	0.3	0.6	0.2	0.6	0.43	0.16	0.37

表 7－7　　存量潜力评价弹性约束指标权重打分（第二轮）

指标	专家打分						平均值	标准差	离散系数
	1	2	3	4	5	6			
路网密度	0.9	0.8	0.8	0.9	0.8	0.6	0.80	0.11	0.14
城镇化水平	0.9	1.0	0.8	0.8	0.9	1.0	0.90	0.09	0.10
地方财政收入	0.9	1.0	1.0	1.2	0.9	1.0	1.00	0.11	0.11
城镇建筑密度	1.3	1.0	1.3	1.5	1.4	1.4	1.30	0.17	0.13
地均固定资产投入	0.3	0.2	0.4	0.2	0.4	0.3	0.30	0.09	0.30
农村人均建设用地	1.2	1.0	1.2	1.2	1.1	0.9	1.10	0.13	0.12
农村人均居民点用地	1.8	1.6	1.8	1.7	1.8	1.5	1.70	0.13	0.08
人均城镇建设用地面积	1.3	1.3	1.2	0.9	1.2	1.3	1.20	0.15	0.13
单位建设用地二、三产业产值	0.3	0.4	0.3	0.5	0.3	0.6	0.40	0.13	0.33

从表 7－6 可以看到，部分专家的意见分歧比较大，因此进行了第二轮打分。从表 7－7 可以看到，在第一轮打分的基础上，各位专家对指标权重的意见趋于一致，离散系数在能接受的误差范围内，因此取第二轮专家打分的平均值作为基本指标的权重。

7.4.5　研究区指标数据的收集、整理和建库

按照研究区建设用地开发利用潜力评价所涉及的指标因子进行相关数据的收集和整理。

研究区实证数据来源于以下几个方面：第一，土地利用数据主要来自2005年、2010年、2014年湖南省土地利用现状调查；第二，经济统计数据主要引自湖南省统计年鉴；第三，有关研究报告。对本书需要的指标进行整理，社会经济数据主要来源于土地利用现状调查和湖南省统计年鉴，矢量数据有湖南省2005年土地利用现状图、DEM（数字高程模型）数据、保护区分布图、地质灾害点分布图。

指标处理主要包括以下两个方面：一方面，数据转化，将来源不同、格式不同的数据进行转化，转换成相同坐标、ArcGIS 9.3能够分析处理的格式；另一方面，数据预处理，在建设用地开发利用潜力评价研究中，部分指标数据可以通过收集而直接得到，如河流、水域、各类保护区等，而部分指标数据，则需要根据收集到的数据进行计算或综合评价才能使用，因此在进行数据建库前，应该进行数据的预处理，使每个评价指标都有单独的指标数据层。

湖南省建设用地开发利用潜力评价的社会经济数据主要来源于统计年鉴和土地变更调查，根据选取指标对湖南省社会经济数据进行了整理，数据见附表1。

7.4.6 湖南省建设用地开发利用存量潜力的具体评价

（1）扣除禁止开发用地面积

利用GIS技术提取存量建设用地面积，扣除禁止开发用地面积。根据2014年土地利用现状图提取居住用地面积，得出存量建设用地面积。根据《中华人民共和国自然保护区条例》《基本农田保护条例》等政策制度，从保护的角度出发，在存量建设用地面积的基础上对地质公园、风景名胜区、森林公园、自然保护区、基本农田和河流水域面积进行扣除，其中，基本农田面积按照耕地面积的80%扣除。

（2）刚性约束指标叠加分析

根据整理的数据和约束指标的定量分级标准，生成各刚性约束指标分级图，将刚性约束指标分级图进行叠加分析，根据取小原则（体现约束理论的瓶颈约束)，确定该区县的约束指标评价分值。由于研究区县较多，本章只显示部分区县分值结果，详细结果见附表 2。

根据综合结果可以看出，湖南省各区县在生物多样性、人均水资源量、空气综合污染指数和河流水质等 6 个刚性约束指标的限制下，有 13 个区县无建设用地开发利用潜力，其余 109 个区县有建设用地开发利用潜力，但是均受到刚性约束指标不同程度的影响。存量潜力评价刚性约束指标定量分值（*K*）汇总如表 7－8 所示，详细结果见附表 2。

表 7－8　　存量潜力评价刚性约束指标定量分值汇总

区县	地面高程	坡度	人均水资源量	生物多样性	河流水质	空气综合污染指数	刚性约束指标定量分值（*K*）	有无潜力
芙蓉区	1	1	1	10	1	1	1	有
天心区	1	1	1	10	1	1	1	有
……								
石门县	10	5	2	0	1	2	0	无
桑植县	10	5	10	0	10	2	0	无
……								
永顺县	10	5	10	1	10	2	1	有
龙山县	10	5	10	1	10	2	1	有

（3）存量建设用地开发利用潜力评价

根据整理数据和指标阈值，生成弹性约束指标分级图，对湖南省 122 个区县按照评价模型，通过叠置分析，利用公式进行加权计算，得到 122 个区县的潜力综合评价分值 *W*，根据潜力等级划分标准，确定各区县的建设用地开发利用潜力等级。综合分值越高，用地的建设开发利用潜力等级越高。存量潜力综合评价汇总如表 7－9 所示，详细结果见附表 3。

表 7 -9　　存量潜力综合评价汇总

区县	刚性约束指标定量分值 K	单位建设用地二、三产业产值	城镇建筑密度	人均城镇建设用地面积	地均固定资产投入	地方财政收入	城镇化水平	路网密度	农村人均居民点用地	农村人均建设用地	弹性约束指标综合分值 B	潜力综合评价分值 W	存量潜力等级
芙蓉区	1	10	10	1	6	10	10	1	10	10	79.6	79.6	Ⅰ级
天心区	1	10	10	1	1	10	10	1	10	10	78.1	78.1	Ⅰ级
……													
隆回县	1	10	6	3	6	3	1	6	6	10	54.8	54.8	Ⅱ级
新宁县	0	10	6	1	6	3	1	6	6	10	52.4	0.0	Ⅳ级
……													
永顺县	1	10	6	1	10	3	3	10	1	10	52.9	52.9	Ⅱ级
龙山县	1	10	6	3	10	3	1	10	1	10	53.5	53.5	Ⅱ级

通过湖南省 122 区县建设用地开发利用存量潜力评价结果（见表 7 - 10）来看，湖南省存量建设用地开发利用潜力很大，Ⅰ级潜力区县有 50 个，主要分布在长沙市等地区，这些区县存量建设用地开发利用潜力很大，建设用地存量潜力开发利用受到的限制很小；Ⅱ级潜力区县有 48 个，这些区县存量建设用地开发利用潜力较大，建设用地存量潜力开发利用受到的限制比较少，Ⅰ、Ⅱ级潜力区县应该作为重点挖潜区；Ⅲ级潜力区县有 11 个，这些区县存量建设用地开发利用潜力较小，建设用地存量潜力开发利用受到很大限制，Ⅲ级潜力区县应该作为限制挖潜区；Ⅳ级潜力区县有 13 个，这些区县受到自然条件、生态环境等刚性约束因子的限制，不适合进行城乡建设用地的开发整治，Ⅳ级潜力区县应该作为禁止挖潜区。

表7－10 湖南省建设用地开发利用存量潜力评价结果

存量潜力等级	区县	个数
Ⅰ级	芙蓉区、天心区、岳麓区、开福区、雨花区、长沙县、望城区、宁乡市、浏阳市、荷塘区、芦淞区、石峰区、天元区、渌口区、攸县、茶陵县、炎陵县、醴陵市、雨湖区、岳塘区、湘潭县、湘乡市、韶山市、常宁市、珠晖区、雁峰区、石鼓区、蒸湘区、南岳区、岳阳楼区、云溪区、临湘市、武陵区、鼎城区、安乡县、汉寿县、澧县、临澧县、桃源县、津市市、永定区、武陵源区、赫山区、北湖区、江华瑶族自治县、娄星区、双峰县、冷水江市、涟源市、吉首市	50
Ⅱ级	衡山县、衡东县、祁东县、耒阳市、衡阳县、衡南县、双清区、大祥区、北塔区、邵东市、新邵县、邵阳县、隆回县、武冈市、君山区、岳阳县、华容县、湘阴县、平江县、汨罗市、慈利县、资阳区、南县、桃江县、安化县、沅江市、苏仙区、桂阳县、永兴县、嘉禾县、汝城县、安仁县、零陵区、冷水滩区、新田县、鹤城区、中方县、靖州苗族侗族自治县、通道侗族自治县、洪江市、新化县、泸溪县、凤凰县、花垣县、保靖县、古丈县、永顺县、龙山县	48
Ⅲ级	祁阳县、东安县、双牌县、宁远县、蓝山县、辰溪县、溆浦县、会同县、麻阳苗族自治县、新晃侗族自治县、芷江侗族自治县	11
Ⅳ级	洞口县、绥宁县、新宁县、城步苗族自治县、石门县、桑植县、宜章县、临武县、桂东县、资兴市、道县、江永县、沅陵县	13

湖南省存量建设用地开发利用潜力很大，今后的建设用地开发应该充分挖掘存量，节约集约利用土地资源，特别是经济发达的长株潭地区，一方面面临土地紧缺的局面，另一方面又存在着大量存量建设用地未充分利用的情况。

7.5 湖南省建设用地开发利用增量潜力评价

7.5.1 约束指标体系构建

本书依据前文确定的指标筛选流程和评价指标框架，结合湖南省的实际情况和数据资料，构建了建设用地开发利用增量潜力评价指标体系，如表 7-11 所示。

表 7-11　　建设用地开发利用增量潜力评价指标体系

约束指标类型	一级指标	二级指标
刚性约束指标	自然资源	坡度 地面高程 人均水资源量
	生态环境	空气综合污染指数 河流水质 地质灾害易发程度 生物多样性
	政策制度	各类保护区 各类控制区
弹性约束指标	社会经济	路网密度 人口密度 城镇化水平 地方财政收入 人均后备建设用地面积 后备建设用地开发难易程度

7.5.2　约束指标定量分级

建设用地开发利用潜力评价指标定量标准的确定，主要参照国内外相关标准、规范，结合评价区域的地理区位、土地利用现状及工程地质条件、地形地貌特征等自然因素特点进行。在确定评价指标阈值的过程中，遵循以下原则：按照国家、地方、行业标准，参照同类评价工作的约定标准、研究经验或国际上通用的衡量标准，以区域本底情况，或者与区域条件一致的地区作为参考。

通过对各评价指标及其定量标准的分析和描述，综合考虑了研究区的实际情况及数据资料情况，确定了湖南省各评价指标的定量标准。将“严重约束”“较重约束”“一般约束”和“无约束”四级刚性约束指标对应的定量分值分别定义为“0 分”“1 分”“2 分”和“10 分”；四级弹性约束指标“严重约束”“较重约束”“一般约束”和“无约束”对应的定量分值分别设为“1 分”“3 分”“6 分”和“10 分”。分值越大，建设用地开发利用潜力越大。建设用地开发利用增量潜力评价刚性约束指定量分级如表 7 - 12 所示，建设用地开发利用增量潜力评价弹性约束指标定量分级如表 7 - 13 所示。

表 7 - 12　建设用地开发利用增量潜力评价刚性约束指标定量分级

一级指标	二级指标	定量标准			
		严重约束	较重约束	一般约束	无约束
		0 分	1 分	2 分	10 分
自然资源	坡度（°）	>25	>10 ~ 25	6 ~ 10	<6
	地面高程（m）	>200	>100 ~ 200	60 ~ 100	<60
	人均水资源量（m^3）	<500	500 ~ <2000	2000 ~ 4000	>4000
生态环境	空气综合污染指数	>2.5	>2.0 ~ 2.5	1.5 ~ 2.0	<1.5
	河流水质	V	Ⅳ	Ⅲ	Ⅰ、Ⅱ
	地质灾害易发程度	高易发区	中易发区	低易发区	不易发区
	生物多样性	极重要区域	比较重要区域	中等重要区域	一般区域

表 7 - 13　建设用地开发利用增量潜力评价弹性约束指标定量分级

一级指标	二级指标	定量标准			
		无约束	一般约束	较重约束	严重约束
		10 分	6 分	3 分	1 分
社会经济	路网密度（km/hm^2）	>0.10	>0.05 ~ 0.10	0.03 ~ 0.05	<0.03
	人口密度（人/km^2）	5000 ~ 15000	500 ~ <5000	25 ~ <500	<25 或 >15000
	城镇化水平（%）	>60 ~ 90	>40 ~ 60	30 ~ 40	<30 或 >90
	地方财政收入（亿元）	>10	>5 ~ 10	1 ~ 5	<1

（续表）

一级指标	二级指标	定量标准			
		无约束	一般约束	较重约束	严重约束
		10 分	6 分	3 分	1 分
社会经济	人均后备建设用地面积（亩/人）	>1.5	1.0 ~ 1.5	0.5 ~ <1.0	<0.5
	后备建设用地开发难易程度	容易开发	较容易开发	较难开发	难开发

7.5.3 约束指标权重确定

在研究中，采用德尔菲法，邀请了土地规划、土地整治方面的 6 位专家，经过两轮打分，最终确定了指标的权重，专家打分见表 7 – 14、表 7 – 15。

表 7 – 14　　增量潜力评价弹性约束指标权重打分（第一轮）

指标	专家打分						平均值	标准差	离散系数
	1	2	3	4	5	6			
路网密度	1.5	1.6	1.9	1.8	1.0	1.1	1.48	0.37	0.25
城镇化水平	2.0	1.6	2.2	1.7	1.5	2.6	1.93	0.42	0.22
地方财政收入	2.0	2.3	1.8	1.9	2.5	2.0	2.08	0.26	0.13
人均后备建设用地面积	2.4	2.6	2.5	2.5	2.8	2.2	2.50	0.20	0.08
后备建设用地开发难易程度	2.1	1.9	1.6	2.1	2.2	2.1	2.00	0.22	0.11

表 7 – 15　　增量潜力评价弹性约束指标权重打分（第二轮）

指标	专家打分						平均值	标准差	离散系数
	1	2	3	4	5	6			
路网密度	1.3	1.2	1.4	1.3	1.0	1.1	1.22	0.15	0.12
城镇化水平	2.3	2.5	2.4	2.5	2.3	2.6	2.43	0.12	0.05
地方财政收入	2.0	2.1	2.0	1.9	2.1	2.0	2.02	0.08	0.04

（续表）

指标	专家打分						平均值	标准差	离散系数
	1	2	3	4	5	6			
人均后备建设用地面积	2.3	2.1	2.3	2.2	2.4	2.1	2.23	0.12	0.05
后备建设用地开发难易程度	2.1	2.1	1.9	2.1	2.2	2.1	2.08	0.10	0.05

从表7－14可以看到，部分专家的意见分歧比较大，因此进行了第二轮打分。从表7－15可以看到，在第一轮打分的基础上，各位专家对指标权重的意见趋于一致，离散系数在能接受的误差范围内，因此取第二轮专家打分的平均值作为基本指标的权重。

7.5.4　湖南省建设用地开发利用增量潜力的具体评价

（1）扣除禁止开发用地面积

利用GIS技术提取存量建设用地面积，扣除禁止开发用地面积。根据2014年土地利用现状图提取居住用地面积，得出存量建设用地面积。根据《中华人民共和国自然保护区条例》《基本农田保护条例》等政策制度，从保护的角度出发，在存量建设用地面积的基础上对地质公园、风景名胜区、森林公园、自然保护区、基本农田和河流水域面积进行扣除，其中，基本农田面积按照耕地面积的80%扣除。

（2）刚性约束指标叠加分析

根据整理的数据和约束指标的定量分级，生成各刚性约束指标分级图，增量建设用地开发利用潜力评价选取了7个刚性约束因子，将刚性约束指标分级图进行叠加分析，根据取小原则，确定该区县的约束指标评价分值。由于研究区县较多，本章只显示部分区县结果（见表7－16），详细结果见附表4。

根据结果可以看出，在生物多样性、人均水资源量、空气综合污染指数、河流水质和地质灾害易发程度等7个刚性约束因子的限制下，湖南省122个区县有61个区县无增量建设用地开发利用潜力，其余61个区县有增量建设用地开发利用潜力，但是均受到刚性约束指标不同程度的影响。

表7－16　　增量潜力评价刚性约束指标定量分值汇总

区县	地面高程	坡度	人均水资源量	生物多样性	河流水质	空气综合污染指数	地质灾害易发程度	影响系数	增量潜力（有无潜力）
芙蓉区	10	10	1	10	1	1	0	0	无
天心区	10	10	1	10	1	1	0	0	无
……									
新田县	0	2	10	1	10	2	2	0	无
鹤城区	0	2	10	1	1	2	10	0	无
……									
永顺县	0	1	10	1	10	2	2	0	无
龙山县	0	1	10	1	10	2	2	0	无

（3）增量建设用地开发利用潜力评价

根据整理数据和指标阈值，生成弹性约束指标分级图，对湖南省122个区县，按照构建的评价模型，利用公式进行加权计算，得到122个区县的增量潜力分值，根据潜力等级划分标准，确定各区县的建设潜力等级。各区县的综合潜力分值越高，用地的建设开发利用潜力等级越高。增量潜力综合评价汇总如表7－17所示，详细结果见附表5。

表7－17　　增量潜力综合评价汇总

区县	影响系数	人口密度	城镇化水平	路网密度	地方财政收入	人均后备建设用地面积	后备建设用地开发难易程度	弹性约束指标综合分值 B	增量潜力分值	增量潜力等级
芙蓉区	0	10	1	10	10	1	1	38.8	0	Ⅳ级
蒸湘区	1	6	1	10	3	1	1	24.8	24.8	Ⅲ级
……										
鼎城区	1	3	3	10	3	10	6	60.1	60.1	Ⅰ级

（续表）

区县	影响系数	人口密度	城镇化水平	路网密度	地方财政收入	人均后备建设用地面积	后备建设用地开发难易程度	弹性约束指标综合分值 B	增量潜力分值	增量潜力等级
安乡县	2	3	3	10	3	10	1	49.6	99.2	Ⅰ级
……										
永顺县	0	3	3	10	3	10	10	68.5	0	Ⅳ级
龙山县	0	3	1	10	3	10	10	63.5	0	Ⅳ级

通过湖南省 122 区县建设用地开发利用增量潜力评价结果（见表 7－18）来看，湖南省增量潜力比较大的区县有 45 个，其中Ⅰ级潜力区县有 29 个，这些区县增量建设用地开发利用潜力很大；Ⅱ级潜力区县有 16 个，这些区县增量建设用地开发利用潜力较大，建设用地增量潜力开发受到的限制比较小；Ⅲ级潜力区县有 16 个，这些区县增量建设用地开发利用潜力较小，建设用地增量潜力开发受到很大限制；Ⅳ级潜力区县有 61 个，这些区县无增量建设用地开发潜力，受到自然条件、生态环境等刚性约束因子的限制，不适合进行增量建设用地的开发。

表 7－18　　　　湖南省建设用地开发利用增量潜力评价结果

增量潜力等级	区县	个数
Ⅰ级	长沙县、浏阳市、攸县、茶陵县、醴陵市、祁东县、耒阳市、衡阳县、衡南县、邵东市、云溪区、岳阳县、华容县、湘阴县、平江县、汨罗市、临湘市、鼎城区、安乡县、澧县、临澧县、桃源县、津市市、赫山区、沅江市、永兴县、零陵区、冷水滩区、祁阳县	29
Ⅱ级	邵东市、湘潭县、湘乡市、韶山市、衡山县、衡东县、大祥区、北塔区、岳阳楼区、君山区、汉寿县、资阳区、桃江县、嘉禾县、安仁县、双峰县	16
Ⅲ级	岳麓区、荷塘区、芦淞区、石峰区、天元区、雨湖区、岳塘区、珠晖区、雁峰区、石鼓区、蒸湘区、南岳区、双清区、武陵区、南县、娄星区	16

（续表）

增量潜力等级	区县	个数
Ⅳ级	芙蓉区、天心区、开福区、雨花区、望城区、宁乡市、炎陵县、常宁市、新邵县、邵阳县、隆回县、洞口县、绥宁县、新宁县、城步苗族自治县、武冈市、石门县、永定区、武陵源区、慈利县、桑植县、安化县、北湖区、苏仙区、桂阳县、宜章县、临武县、汝城县、桂东县、资兴市、东安县、双牌县、道县、江永县、宁远县、蓝山县、新田县、江华瑶族自治县、鹤城区、中方县、沅陵县、辰溪县、溆浦县、会同县、麻阳苗族自治县、新晃侗族自治县、芷江侗族自治县、靖州苗族侗族自治县、通道侗族自治县、洪江市、新化县、冷水江市、涟源市、吉首市、泸溪县、凤凰县、花垣县、保靖县、古丈县、永顺县、龙山县	61

通过存量潜力和增量潜力的对比（见表 7 - 19）来看，一方面，有存量开发利用潜力的区县数量比增量潜力的要多，湖南省接近 89. 34% 的区县有存量建设用地开发利用潜力；另一方面，增量潜力面积比存量潜力面积大，Ⅰ、Ⅱ级增量潜力面积占湖南省土地面积的 26. 79%。总的来说，湖南省存量潜力区县分布广、数量大，增量潜力区县数量少、面积大，湖南省在建设用地开发布局中应该充分挖掘存量建设用地资源，合理安排新增建设用地的开发，节流与开源并举，保障建设用地科学合理利用。

表 7 - 19　　湖南省建设用地存量潜力与增量潜力对比分析

存量潜力					增量潜力				
存量潜力等级	区县数（个）	占区县总数比（%）	潜力面积（km^2）	占全省面积比（%）	增量潜力等级	区县数（个）	占区县总数比（%）	潜力面积（km^2）	占全省面积比（%）
Ⅰ级	50	40. 98	6898. 75	3. 28	Ⅰ级	29	23. 77	44067. 38	20. 97
Ⅱ级	48	39. 34	5442. 50	2. 59	Ⅱ级	16	13. 11	12226. 86	5. 82
Ⅲ级	11	9. 02	1510. 96	0. 72	Ⅲ级	16	13. 11	2452. 79	1. 17
Ⅳ级	13	10. 66	1566. 10	0. 75	Ⅳ级	61	50. 00	104570. 71	49. 77
合计	122	100. 00	15418. 31	7. 34	合计	122	100. 00	163317. 74	77. 73

7.6 本章小结

本章对湖南省进行了省域建设用地开发利用潜力评价体系的实例验证，在分析湖南省自然环境、生态环境、社会经济和土地利用的基础上，分别构建了湖南省存量和增量建设用地开发利用潜力评价的约束指标体系和约束指标阈值，并对湖南省 122 个区县进行了建设用地存量潜力和增量潜力评价研究，确定了湖南省 122 个区县存量建设用地开发利用潜力等级、增量建设用地开发利用潜力等级。研究表明湖南省有 98 个区县的建设用地存量潜力较大，分布较广。建设用地增量潜力区县较少，有 77 个区县难以进行增量建设用地开发，Ⅰ、Ⅱ级潜力区县仅有 45 个，建设用地增量潜力较小。

第 8 章 湖南省建设用地开发利用布局研究

8.1 建设用地开发利用原则

8.1.1 坚持政府调控与市场调节相结合

在建设用地开发利用过程中，坚持政府调控与市场调节相结合。一方面，运用市场机制配置土地资源，使产业集聚发展，符合经济规律；另一方面，重视政府的调控，在建设开发的过程中充分考虑资源环境承载力，它决定经济增长极限，在生态环境脆弱和敏感地区采用政策手段限制或禁止开发，在污染严重地区控制开发强度。

8.1.2 开发建设与资源环境承载力相匹配

资源环境承载力是指在一定经济、技术条件下，资源环境对经济社会发展的最大支撑能力。一旦超过这个极限，生态环境将遭到严重破坏，威胁到人类的生存发展。开发建设用地要科学评估资源环境的本底情况，不能超过资源环境承载力，在区域建设开发分区和开发潜力评价的基础上，以资源环境中的“短板”为约束条件，协调社会经济、资源环境的关系。

8.1.3 “点上开发”与“面上保护”相促进

在“建设与保护并重，以保护为主”的原则下进行土地的开发。“点上开发、面上保护”的土地利用方式，既能保护生态环境，又能合理利用土地资源，实现生态保护与经济发展相协调。控制盲目开发、过度开发，在加强整体生态环境保护的基础上，强调人口和产业向点上集聚，重点对城镇规划区、开发区、能源基地、旅游基地等“点”进行开发，处理好开发与保护的关系。

8. 1. 4　土地集约利用与适度开发相统一

湖南省山地、丘陵多，可利用的土地资源不多，此外，人口基数大，人均土地面积少，从湖南省存量建设用地开发利用潜力的评价结果可以看出，湖南省建设用地存量潜力很大，但是建设用地增量潜力不足，因此要集约利用土地资源，挖掘存量土地潜力，提高土地利用效益。另外，在适宜建设用地开发的区域，根据社会经济发展战略适度地进行增量建设用地的开发。

8. 2　建设用地开发利用模式

8. 2. 1　现有开发模式

现有开发模式是：“量的扩展 + 粗放低效”，走外延扩张发展道路。

在 2005—2010 年，湖南省建设用地面积增加了 172. 61 万公顷，2010 年是 2005 年的 2. 29 倍，1990—2010 年，湖南省的城镇建设用地呈加速扩张趋势，城镇建设用地的增加以占用农村用地为主，为其扩张面积的 90% 左右，其次为占用林地。同时，湖南省建设用地存量开发潜力巨大，一方面是城市的快速扩张，另一方面是土地的低效利用，两者反映了湖南省建设用地盲目性和无序性的外延发展模式，因而，需要改变粗放的土地利用状态，选择合理的建设用地开发利用模式。

8. 2. 2　新开发模式选择

新开发模式选择：“精明增长 + 集约高效”，走内涵挖掘发展道路。

20 世纪末，美国倡导遏制城市蔓延的“精明增长”理论，为城市紧凑发展设置了多种规划引导和控制工具，有效地提高了城市土地利用效率。随着建设资源节约型社会要求的提出，节约集约利用土地成为建设用地开发利用的重要原则，“精明增长”理论对湖南省建设用地开发利用具有指导意义。“精明增长”的核心内容是充分利用城市存量空间，减少盲目扩张；加强对现有社区的重建，重新开发废弃、污染工业用地；城市建设相对集中，密集组团，尽量拉近距离生活和就业单元，减少基础设施、房屋建设和使用成本。

为了遏制建设用地的盲目扩张，改变土地粗放利用方式，湖南省选择精明增长模式，通过规划引导和控制政策促进土地的高效利用，推动土地利用方式由外延扩张向内涵挖潜、由粗放低效向集约高效转变。

8.3 建设用地开发利用布局

8.3.1 建设用地开发利用基本格局

选择一极多元、轴线联动的“点—轴—面”综合开发方式，以长株潭城市群为核心，建设水路、铁路、公路、通信等基础设施，形成经济发展轴；通过发展轴的联动，逐步促进轴线上多个区域副中心的形成，最终实现以轴串点、以轴带面的均衡发展。构建“一核三区，两横两纵”的建设用地开发利用格局。以长株潭城市群为核心，以环洞庭湖、湘中南、大湘西三大片区为重点。根据“点—轴”式非均衡发展原理，加快推进“两横两纵”城镇发展轴线的空间集聚。“两横”包括湘北发展轴、湘中南发展轴，“两纵”包括湘东发展轴、湘西发展轴，培育建设用地开发利用潜力较大的重点区县成为经济发展的生长点。

“一核”：

以长株潭城市群为核心，长株潭城市群包括长沙、株洲、湘潭三市行政辖区。

“三区”：

环洞庭湖区，包括岳阳、常德、益阳三市，北部地势平坦，其他地区多为山地和丘陵，土地利用以农业为主，是重要的农产品基地。

湘中南区，包括娄底、衡阳、郴州、永州四市，丘岗山地多，矿产资源丰富。

大湘西区，包括湘西土家族苗族自治州和邵阳、张家界、怀化三市。土地以山地为主，耕地和旅游资源丰富。

“两横”：

湘北发展轴，该轴由长江、岳常高速等要素组成，西连张家界，东连湘东发展轴。

湘中南发展轴，该轴由湘黔铁路和沪昆高铁等干线组成，轴线由株洲、娄底、邵阳、怀化组成。

“两纵”：

湘东发展轴由京广铁路、京港澳高速公路、武广高速铁路等重大交通线路构成。

湘西发展轴，枝柳沿线地带，包括张家界、湘西土家族苗族自治州、怀化、邵阳等地区。

8.3.2 推动长株潭城市群发展

（1）区域概况

该区包括长沙市、株洲市、湘潭市的 23 个区县，位于京广经济带和长江经济带的连接点上，人口稠密，交通便利。土地面积 280.88 万公顷，占全省总面积的 13.26%，2014 年，建设用地 36.70 万公顷，存量建设用地开发利用潜力大，城镇周边可用作建设用地的丘岗山地资源 138.24 万公顷，建设用地开发利用的增量潜力一般。

（2）建设用地开发利用类型（见表 8－1）

在长株潭城市群的 23 个区县中，建设用地开发利用的存量潜力等级均为Ⅰ级，建设用地开发利用的增量潜力等级为Ⅰ、Ⅱ级的区县有 9 个，Ⅲ级的区县有 7 个，Ⅳ级的区县有 7 个，约 39% 的区县增量潜力较大，长株潭城市群的建设用地开发利用应以存量潜力挖掘为主，提高存量建设用地的利用效率，在增量潜力较大的区域进行适度开发。

表 8－1　　　　长株潭城市群建设用地开发利用类型

城市	区县	存量潜力等级	增量潜力等级	建设用地开发利用类型
长沙市	芙蓉区	Ⅰ级	Ⅳ级	重点挖潜、禁止开发
	天心区	Ⅰ级	Ⅳ级	重点挖潜、禁止开发
	岳麓区	Ⅰ级	Ⅲ级	重点挖潜、限制开发
	开福区	Ⅰ级	Ⅳ级	重点挖潜、禁止开发
	雨花区	Ⅰ级	Ⅳ级	重点挖潜、禁止开发
	长沙县	Ⅰ级	Ⅰ级	重点挖潜、适度开发
	望城区	Ⅰ级	Ⅳ级	重点挖潜、禁止开发
	宁乡市	Ⅰ级	Ⅳ级	重点挖潜、禁止开发
	浏阳市	Ⅰ级	Ⅰ级	重点挖潜、适度开发
株洲市	荷塘区	Ⅰ级	Ⅲ级	重点挖潜、限制开发
	芦淞区	Ⅰ级	Ⅲ级	重点挖潜、限制开发
	石峰区	Ⅰ级	Ⅲ级	重点挖潜、限制开发
	天元区	Ⅰ级	Ⅲ级	重点挖潜、限制开发
	渌口区	Ⅰ级	Ⅱ级	重点挖潜、适度开发
	攸县	Ⅰ级	Ⅰ级	重点挖潜、适度开发
	茶陵县	Ⅰ级	Ⅰ级	重点挖潜、适度开发
	炎陵县	Ⅰ级	Ⅳ级	重点挖潜、禁止开发
	醴陵市	Ⅰ级	Ⅰ级	重点挖潜、适度开发
湘潭市	雨湖区	Ⅰ级	Ⅲ级	重点挖潜、限制开发
	岳塘区	Ⅰ级	Ⅲ级	重点挖潜、限制开发
	湘潭县	Ⅰ级	Ⅱ级	重点挖潜、适度开发
	湘乡市	Ⅰ级	Ⅱ级	重点挖潜、适度开发
	韶山市	Ⅰ级	Ⅱ级	重点挖潜、适度开发

（3）土地利用方向

按照“两型”社会建设的要求，以高技术产业基地为依托，推动传统产业改造、升级，主要发展制造、高新技术、物流中心以及人文旅游等产业，保障以高新技术和现代服务业为主体的“两型”产业的发展用地。以交通为先导，优先安排城际快速公路干道、城际轻轨、高速铁路、机场等基础设施建设用地。有效整合空间资源，推广新河三角洲立体开发节地模式。

8.3.3 强化环洞庭湖区发展

（1）区域概况

该区包括岳阳、常德、益阳的 24 个区县，地势相对低平，以洞庭湖平原为中心，向东、南、西侧逐步上升为丘陵和山地。河流密布，水域广阔，水陆交通发达。土地面积 454.13 万公顷，占全省总面积的 21.44%，2014 年建设用地 41.58 万公顷。城镇周边可用作建设用地的丘岗山地资源 219.50 万公顷。

（2）建设用地开发利用类型（见表 8－2）

在环洞庭湖区的 24 个区县中，建设用地开发利用的存量潜力等级为Ⅰ、Ⅱ级的区县有 23 个，Ⅳ级的区县有 1 个，约 96% 的区县存量潜力较大。建设用地开发利用的增量潜力等级为Ⅰ、Ⅱ级的区县有 20 个，Ⅲ级的区县有 2 个，Ⅳ级的区县有 2 个，约 83% 的区县增量潜力较大。环洞庭湖区建设用地的存量潜力和增量潜力都比较大，在建设用地开发利用过程中以存量建设用地的潜力挖掘为主，适度开发后备建设用地。

表 8－2　　环洞庭湖区建设用地开发利用类型

城市	区县	存量潜力等级	增量潜力等级	建设用地开发利用类型
岳阳市	岳阳楼区	Ⅰ级	Ⅱ级	重点挖潜、适度开发
	云溪区	Ⅰ级	Ⅰ级	重点挖潜、适度开发
	君山区	Ⅱ级	Ⅱ级	重点挖潜、适度开发
	岳阳县	Ⅱ级	Ⅰ级	重点挖潜、适度开发
	华容县	Ⅱ级	Ⅰ级	重点挖潜、适度开发
	湘阴县	Ⅱ级	Ⅰ级	重点挖潜、适度开发
	平江县	Ⅱ级	Ⅰ级	重点挖潜、适度开发
	汨罗市	Ⅱ级	Ⅰ级	重点挖潜、适度开发
	临湘市	Ⅰ级	Ⅰ级	重点挖潜、适度开发

（续表）

城市	区县	存量潜力等级	增量潜力等级	建设用地开发利用类型
常德市	武陵区	Ⅰ级	Ⅲ级	重点挖潜、限制开发
	鼎城区	Ⅰ级	Ⅰ级	重点挖潜、适度开发
	安乡县	Ⅰ级	Ⅰ级	重点挖潜、适度开发
	汉寿县	Ⅰ级	Ⅱ级	重点挖潜、适度开发
	澧县	Ⅰ级	Ⅰ级	重点挖潜、适度开发
	临澧县	Ⅰ级	Ⅰ级	重点挖潜、适度开发
	桃源县	Ⅰ级	Ⅰ级	重点挖潜、适度开发
	石门县	Ⅳ级	Ⅳ级	禁止挖潜、禁止开发
	津市市	Ⅰ级	Ⅰ级	重点挖潜、适度开发
益阳市	资阳区	Ⅱ级	Ⅱ级	重点挖潜、适度开发
	赫山区	Ⅰ级	Ⅰ级	重点挖潜、适度开发
	南县	Ⅱ级	Ⅲ级	重点挖潜、限制开发
	桃江县	Ⅱ级	Ⅱ级	重点挖潜、适度开发
	安化县	Ⅱ级	Ⅳ级	重点挖潜、禁止开发
	沅江市	Ⅱ级	Ⅰ级	重点挖潜、适度开发

（3）土地利用方向

严格保护环洞庭湖区湿地，改善土地生态环境。大力开展农村居民点整理，积极建设中心小城镇，引导产业集群发展，优先保障农产品加工、石化、造纸等产业用地需求，完善公路交通网络，改善农村交通条件，保障水利设施用地，提高区域整体发展能力，将本区建设成现代农业产业基地以及全省石化、食品加工、纺织工业中心。

8.3.4 促进湘中南区发展

（1）区域概况

该区包括娄底、衡阳、郴州、永州四市的39个区县，丘岗山地多，矿产资源丰富。土地面积649.83万公顷，占全省总面积的30.68%，2014年建设用地49.84万公顷。城镇周边可用作建设用地的丘岗山地资源182.91万公顷。

（2）建设用地开发利用类型（见表 8－3）

在湘中南区的 39 个区县中，建设用地开发利用的存量潜力等级为Ⅰ、Ⅱ级的有 28 个，Ⅲ级的区县有 5 个、Ⅳ级的区县有 6 个，72% 的区县存量潜力较大。建设用地开发利用的增量潜力等级为Ⅰ、Ⅱ级的区县有 13 个，Ⅲ级的区县有 6 个，Ⅳ级的区县有 20 个，约 33% 的区县增量潜力比较大。在建设用地开发利用过程中以存量建设用地的潜力挖掘为主，在增量潜力比较大的区县适度开发后备建设用地。

表 8－3　　湘中南区建设用地开发利用类型

城市	区县	存量潜力等级	增量潜力等级	建设用地开发利用类型
娄底市	娄星区	Ⅰ级	Ⅲ级	重点挖潜、限制开发
	双峰县	Ⅰ级	Ⅱ级	重点挖潜、适度开发
	新化县	Ⅱ级	Ⅳ级	重点挖潜、禁止开发
	冷水江市	Ⅰ级	Ⅳ级	重点挖潜、禁止开发
	涟源市	Ⅰ级	Ⅳ级	重点挖潜、禁止开发
衡阳市	衡山县	Ⅱ级	Ⅱ级	重点挖潜、适度开发
	衡东县	Ⅱ级	Ⅱ级	重点挖潜、适度开发
	祁东县	Ⅱ级	Ⅰ级	重点挖潜、适度开发
	耒阳市	Ⅱ级	Ⅰ级	重点挖潜、适度开发
	常宁市	Ⅰ级	Ⅳ级	重点挖潜、禁止开发
	珠晖区	Ⅰ级	Ⅲ级	重点挖潜、限制开发
	雁峰区	Ⅰ级	Ⅲ级	重点挖潜、限制开发
	石鼓区	Ⅰ级	Ⅲ级	重点挖潜、限制开发
	蒸湘区	Ⅰ级	Ⅲ级	重点挖潜、限制开发
	南岳区	Ⅰ级	Ⅲ级	重点挖潜、限制开发
	衡阳县	Ⅱ级	Ⅰ级	重点挖潜、适度开发
	衡南县	Ⅱ级	Ⅰ级	重点挖潜、适度开发
郴州市	北湖区	Ⅰ级	Ⅳ级	重点挖潜、禁止开发
	苏仙区	Ⅱ级	Ⅳ级	重点挖潜、禁止开发

（续表）

城市	区县	存量潜力等级	增量潜力等级	建设用地开发利用类型
郴州市	桂阳县	Ⅱ级	Ⅳ级	重点挖潜、禁止开发
	宜章县	Ⅳ级	Ⅳ级	禁止挖潜、禁止开发
	永兴县	Ⅱ级	Ⅰ级	重点挖潜、适度开发
	嘉禾县	Ⅱ级	Ⅱ级	重点挖潜、适度开发
	临武县	Ⅳ级	Ⅳ级	禁止挖潜、禁止开发
	汝城县	Ⅱ级	Ⅳ级	重点挖潜、禁止开发
	桂东县	Ⅳ级	Ⅳ级	禁止挖潜、禁止开发
	安仁县	Ⅱ级	Ⅱ级	重点挖潜、适度开发
	资兴市	Ⅳ级	Ⅳ级	禁止挖潜、禁止开发
永州市	零陵区	Ⅱ级	Ⅰ级	重点挖潜、适度开发
	冷水滩区	Ⅱ级	Ⅰ级	重点挖潜、适度开发
	祁阳县	Ⅲ级	Ⅰ级	限制挖潜、适度开发
	东安县	Ⅲ级	Ⅳ级	限制挖潜、禁止开发
	双牌县	Ⅲ级	Ⅳ级	限制挖潜、禁止开发
	道县	Ⅳ级	Ⅳ级	禁止挖潜、禁止开发
	江永县	Ⅳ级	Ⅳ级	禁止挖潜、禁止开发
	宁远县	Ⅲ级	Ⅳ级	限制挖潜、禁止开发
	蓝山县	Ⅲ级	Ⅳ级	限制挖潜、禁止开发
	新田县	Ⅱ级	Ⅳ级	重点挖潜、禁止开发
	江华瑶族自治县	Ⅰ级	Ⅳ级	重点挖潜、禁止开发

（3）土地利用方向

加强交通、水利等基础设施建设，引导产业集群发展，保障精品钢材、有色金属冶炼及深加工、矿产资源开发等产业用地。在保护生态环境的前提下，拓展建设用地空间。大力发展矿产资源深加工工业，提高矿产资源综合利用率，并以此为基础发展先进制造业。开展土地整理和工矿废弃地复垦，加强重金属污染土地治理，保护林地，防治水土流失。

8.3.5　保障大湘西区发展

（1）区域概况

大湘西区包括邵阳、张家界、怀化三市和湘西土家族苗族自治州的 36 个区县。地貌以中、低山地为主，耕地和旅游资源丰富。土地面积 733.71 万公顷，占全省总面积的 34.64%，2014 年建设用地 32.61 万公顷。城镇周边可用作建设用地的丘岗山地资源 157.30 万公顷。

（2）建设用地开发利用类型（见表 8－4）

在大湘西区的 36 个区县中，建设用地开发利用的存量潜力等级为Ⅰ、Ⅱ级的区县有 24 个，Ⅲ级的区县有 6 个，Ⅳ级的区县有 6 个，约 67% 的区县存量潜力较大。建设用地开发利用的增量潜力等级为Ⅰ、Ⅱ级的区县有 3 个，Ⅲ级的区县有 1 个，Ⅳ级的区县有 32 个，仅有 8% 的区县增量潜力较大，建设用地开发利用以存量建设用地潜力挖掘为主。

表 8－4　　大湘西区建设用地开发利用类型

城市	区县	存量潜力等级	增量潜力等级	建设用地开发利用类型
邵阳市	双清区	Ⅱ级	Ⅲ级	重点挖潜、限制开发
	大祥区	Ⅱ级	Ⅱ级	重点挖潜、适度开发
	北塔区	Ⅱ级	Ⅱ级	重点挖潜、适度开发
	邵东市	Ⅱ级	Ⅰ级	重点挖潜、适度开发
	新邵县	Ⅱ级	Ⅳ级	重点挖潜、禁止开发
	邵阳县	Ⅱ级	Ⅳ级	重点挖潜、禁止开发
	隆回县	Ⅱ级	Ⅳ级	重点挖潜、禁止开发
	洞口县	Ⅳ级	Ⅳ级	禁止挖潜、禁止开发
	绥宁县	Ⅳ级	Ⅳ级	禁止挖潜、禁止开发
	新宁县	Ⅳ级	Ⅳ级	禁止挖潜、禁止开发
	城步苗族自治县	Ⅳ级	Ⅳ级	禁止挖潜、禁止开发
	武冈市	Ⅱ级	Ⅳ级	重点挖潜、禁止开发

（续表）

城市	区县	存量潜力等级	增量潜力等级	建设用地开发利用类型
张家界市	永定区	Ⅰ级	Ⅳ级	重点挖潜、禁止开发
	武陵源区	Ⅰ级	Ⅳ级	重点挖潜、禁止开发
	慈利县	Ⅱ级	Ⅳ级	重点挖潜、禁止开发
	桑植县	Ⅳ级	Ⅳ级	禁止挖潜、禁止开发
怀化市	鹤城区	Ⅱ级	Ⅳ级	重点挖潜、禁止开发
	中方县	Ⅱ级	Ⅳ级	重点挖潜、禁止开发
	沅陵县	Ⅳ级	Ⅳ级	禁止挖潜、禁止开发
	辰溪县	Ⅲ级	Ⅳ级	限制挖潜、禁止开发
	溆浦县	Ⅲ级	Ⅳ级	限制挖潜、禁止开发
	会同县	Ⅲ级	Ⅳ级	限制挖潜、禁止开发
	麻阳苗族自治县	Ⅲ级	Ⅳ级	限制挖潜、禁止开发
	新晃侗族自治县	Ⅲ级	Ⅳ级	限制挖潜、禁止开发
	芷江侗族自治县	Ⅲ级	Ⅳ级	限制挖潜、禁止开发
	靖州苗族侗族自治县	Ⅱ级	Ⅳ级	重点挖潜、禁止开发
	通道侗族自治县	Ⅱ级	Ⅳ级	重点挖潜、禁止开发
	洪江市	Ⅱ级	Ⅳ级	重点挖潜、禁止开发
湘西土家族苗族自治州	吉首市	Ⅰ级	Ⅳ级	重点挖潜、禁止开发
	泸溪县	Ⅱ级	Ⅳ级	重点挖潜、禁止开发
	凤凰县	Ⅱ级	Ⅳ级	重点挖潜、禁止开发
	花垣县	Ⅱ级	Ⅳ级	重点挖潜、禁止开发
	保靖县	Ⅱ级	Ⅳ级	重点挖潜、禁止开发
	古丈县	Ⅱ级	Ⅳ级	重点挖潜、禁止开发
	永顺县	Ⅱ级	Ⅳ级	重点挖潜、禁止开发
	龙山县	Ⅱ级	Ⅳ级	重点挖潜、禁止开发

（3）土地利用方向

大湘西区山地众多，对保障湖南省的生态环境安全有重要作用。按照“保护优先、适度开发”的原则，保证旅游和生态用地，保障基础设施、生态环境建设、优势特色产业用地，严格禁止对破坏生态、污染环境的产业供地，引导与区域定位不相宜的产业逐步向区域外有序转移。合理安排中心城市、交通干线建设用地和绿色农产品加工产业用地，适度开发未利用地，提高土地集约利用水平。

8.4　建设用地开发利用保障

8.4.1　加强土地评价和土地利用规划管理

加强土地调查和监测评价。准确的数据和信息是科学制定建设用地开发利用战略的基础。加强对存量土地潜力的调查，包括城市闲置土地、低效利用土地、农村居民点土地利用集约度、工矿废弃地闲置情况以及未利用地调查工作，在此基础上开展建设用地开发利用潜力评价、土地利用的动态监测等工作，实时掌握变化数据，为决策提供可靠的信息。

依据土地利用规划，指导建设用地开发利用工作。根据湖南省社会经济发展需要和资源环境本底，科学制定土地开发战略，充分考虑所在区域经济发展阶段，依据区域开发布局的理论和国际经验，加强区域集聚和协调发展，依据土地利用规划来控制建设用地总量、合理安排新增用地和开展存量挖潜工作。在建设用地开发利用潜力的基础上科学分区，促进经济、社会、生态协调发展。

8.4.2　增强经济手段和市场机制作用

借助地价、标准、税费等引导参与者合理利用土地资源，提高土地投资强度，转变土地利用方式，鼓励和引导土地集约利用，挖掘存量土地潜力，控制土地闲置浪费、低效利用的现象，提高土地利用水平，促进建设用地向集约高效的方向转变。建立城乡统一的土地市场和耕地保护机制，控制盲目占用农地和浪费土地现象，提高闲置低效用地和违法用地的成本，从严制定各类建设用地标准，严格审批项目，控制新增建设用地的规模。

8.4.3 积极利用先进技术手段

利用先进技术手段进行建设用地开发，掌握存量和新增建设用地信息。开展土地的调查、评价、监测和管理等工作，掌握大量的数据信息，进行分析评价和监测活动，考虑与各种规划的衔接和协调。先进技术手段的使用将提高工作效率和准确性。相关部门可以实现数据信息共享，加强部门之间的交流和沟通，加强监测、预测、预警的能力，提高土地管理的现代化水平。

8.4.4 构建土地管理新机制

创新土地管理相关制度，既要保障正常的土地供应又要保护土地合理开发，既要加大力度科学挖掘增量土地资源又要节约集约利用存量土地资源，最终实现土地资源的长期可持续利用。逐步完善现有激励考核制度，明确考核目标及奖惩办法，确保制度有效执行。完善建设用地审批后的用地监管制度，建立健全动态监测制度，及时在相关网站更新土地供应、开发进程、市场交易、收购存储等信息，鼓励群众监督。建立完善建设用地监督检查制度，明确监督部门行动纲要，约束、管理、监督相关人员，进行切实有效的土地资源监管。不断完善各部门之间的协作机制及共同责任机制，保证各部门之间协调一致。

8.5 本章小结

本章以湖南省建设用地开发利用潜力评价结果为依据，提出了湖南省“一核三区，两横两纵”的建设用地开发利用布局。在分析建设用地现有开发模式的基础上，提出了“精明增长＋集约高效”的建设用地开发利用模式。根据湖南省建设用地开发利用存量潜力和增量潜力的评价结果，提出了各地区建设用地开发利用的类型，并提出了相关保障措施。

第9章　结论与展望

9.1　主要结论

第一，建设用地开发利用约束条件的产生机制和限制程度不同。建设用地开发利用潜力的影响因素众多而且十分复杂，既有正向、负向及双向影响因素，也有绝对限制和相对限制因素，绝对限制因素导致建设用地开发利用失去潜力。评价建设用地开发利用潜力，需要全面分析约束条件的产生机制和限制程度，本书从约束角度出发，分析自然资源、生态环境、社会经济和政策制度与建设用地开发利用的关系及其对建设用地开发利用潜力的影响方向和影响强度，构建了“双向”和“四位一体”的基于多约束的省域建设用地开发利用潜力评价指标体系。

第二，指标阈值的界定是建设用地开发利用潜力评价的关键环节。指标阈值影响着建设用地开发利用潜力的有无和大小。应依据研究区域的情况和指标类型，界定评价指标合理阈值，重点是界定刚性约束指标影响建设用地有无潜力的阈值，弹性约束指标影响建设用地潜力的阈值。

第三，评价模型的构建应结合研究目的和指标体系进行。本书在对土地开发利用潜力评价方法进行比较的基础上，结合本书的研究目的和评价指标，开发了基于多约束的省域建设用地开发利用潜力评价模型，综合指数和法容易理解、计算简便，但是这种方法没有体现出关键限制因子的作用。极限条件法能够体现出关键影响因子的作用，将两种方法相结合，对刚性约束指标和弹性约束指标采用不同的评分标准，既考虑了量的差异又考虑了质的不同，体现出不同因子对建设用地开发利用潜力的影响。依据极限条件法定性分析判断建设用地开发利用潜力的有与无，按照综合指数和法进行定量的等级划分。

第四，湖南省建设用地开发利用存量潜力很大，增量潜力较小。根据湖南省122个区县建设用地开发利用存量潜力评价结果可知，湖南省建设用地开发利用存量潜力很大，Ⅰ级潜力区县有50个，Ⅱ级潜力区县有48个。根据湖南省122个区县建设用地开发利用增量潜力评价结果可知，湖南省有77个区县难以进行增量建设用地开发，Ⅰ、Ⅱ级潜力区县仅有45个，建设用地增量潜力较小。湖南省在建设用地开发利用过程中应该充分挖掘存量建设用地潜力，提高土地的利用效率，在资源环境保护的前提下，适度开发新增建设用地。

第五，提出了湖南省"一核三区，两横两纵"的建设用地开发利用总体布局、"精明增长+集约高效"的建设用地开发利用新模式和建设用地开发利用的类型。本书以区域布局理论为基础，以湖南省建设用地开发利用潜力评价结果为依据，提出了湖南省"一核三区，两横两纵"的建设用地开发利用总体布局。"一核"是指以长株潭城市群为核心；"三区"是指环洞庭湖区、湘中南区、大湘西区；"两横"是指湘北发展轴、湘中南发展轴；"两纵"是指湘东发展轴、湘西发展轴。在分析湖南省建设用地现有开发利用模式的基础上，提出了"精明增长+集约高效"的建设用地开发利用新模式；根据湖南省建设用地开发利用潜力评价结果和湖南省社会经济情况，确定了不同区域新增建设用地适度开发、限制开发、禁止开发，存量建设用地重点挖潜、限制挖潜、禁止挖潜的开发利用类型。

9.2 研究展望

本书需要在以下方面开展进一步的研究。

第一，本书分析了自然资源、生态环境、社会经济、政策制度对建设用地开发利用的限制，但是对于约束发生机制还需要进行深入研究，合理界定约束指标的阈值。特别是社会经济约束指标阈值的确定，需要结合特定时期、特定地区，以及特定应用目的进一步展开研究。

第二，本书以省域作为研究尺度，在选取建设用地开发利用潜力评价指标时，需要结合省域建设用地开发利用的特点和目的来进一步开展研究，分析宏观研究尺度与微观研究尺度选取指标的差异，突出宏观研究的概括性、战略性。

第三，本书由于数据等方面的原因，在建设用地开发利用潜力评价研究中，尚有部分约束因素没能考虑，评价结果的科学性和合理性有待进一步研究和验证。今后，随着指标数据库的不断更新和完善，研究将更加深入。

参考文献

[1] 毕宝德. 土地经济学［M］. 5版. 北京：中国人民大学出版社，2006.

[2] 蔡昉，张车伟. 可持续发展战略：观念更新与政策调整［M］. 北京：中共中央党校出版社，1998.

[3] 蔡四平. 长株潭城市群核心区可利用土地资源评价研究［J］. 湖南商学院学报，2013（1）：9－14.

[4] 蔡为民，唐华俊. 土地利用系统健康评价［M］. 北京：中国农业出版社，2007.

[5] 曹秀玲，张清军，尚国琲，等. 河北省农村居民点整理潜力评价分级［J］. 农业工程学报，2009（11）：318－323.

[6] 曹志平. 生态环境可持续管理：指标体系与研究发展［M］. 北京：中国环境科学出版社，1999.

[7] 曾晖，朱永明，付梅臣，等. 城镇用地潜力研究［J］. 河北农业大学学报，2002（4）：116－121.

[8] 陈百明，张凤荣. 中国土地可持续利用指标体系的理论与方法［J］. 自然资源学报，2001（3）：197－203.

[9] 陈百明. 国外土地资源承载能力研究评述［J］. 自然资源译丛，1987（2）：12－19.

[10] 陈百明. 土地资源学概论［M］. 北京：中国环境科学出版社，1996.

[11] 陈桂华，徐樵利. 城市建设用地质量评价研究［J］. 自然资源，1997（5）：22－30.

[12] 陈国宏，陈衍泰，李美娟. 组合评价系统综合研究［J］. 复旦学报（自

然科学版)，2003 (5)：667 – 672.

[13] 陈国先，徐邓耀，李明东．土地资源承载力的概念与计算 [J]. 四川师范学院学报 (自然科学版)，1996，17 (2)：66 – 70.

[14] 陈静生，蔡运龙，王学军．人类—环境系统及其可持续性 [M]. 北京：商务印书馆，2007.

[15] 陈丽，师学义．县域土地复垦潜力分析方法研究 [J]. 能源环境保护，2003 (5)：21 – 24.

[16] 陈丽红，石培基，郝方方．基于模糊数学模型的甘肃省后备建设用地评价研究 [J]. 中国土地科学，2009 (2)：43 – 48.

[17] 陈明忠，何海，陆桂华．水资源承载能力阈值空间研究 [J]. 水利水电技术，2005 (6)：6 – 8 + 13.

[18] 陈荣清，张凤荣，张军连，等．农村居民点现状调查及整理潜力测算——以山东文登侯家镇为例 [J]. 生态经济 (学术版)，2008 (2)：322 – 324.

[19] 陈松林，刘强，余珊，等．福州市晋安区土地适宜性评价 [J]. 地球信息科学，2002 (1)：61 – 65.

[20] 陈雯，柴波，童军，等．曹妃甸滨海新区建设用地地质环境适宜性评价 [J]. 安全与环境工程，2012 (3)：45 – 49.

[21] 陈雯，孙伟，段学军，等．以生态—经济为导向的江苏省土地开发适宜性分区 [J]. 地理科学，2007 (3)：312 – 317.

[22] 陈燕飞，杜鹏飞，郑筱津，等．基于 GIS 的南宁市建设用地生态适宜性评价 [J]. 清华大学学报 (自然科学版)，2006 (6)：801 – 804.

[23] 陈英姿，景跃军．吉林省相对资源承载力与可持续发展研究 [J]. 人口学刊，2006 (1)：41 – 45.

[24] 陈莹，刘康，郑伟元，等．城市土地集约利用潜力评价的应用研究 [J]. 中国土地科学，2002 (4)：26 – 29.

[25] 陈志强，曹蕾，邱道持．重庆市渝北区城镇土地集约利用评价与空间格局分析 [J]. 经济地理，2006 (S1)：157 – 159.

[26] 陈竹安，张立亭，曾令权. 农村居民点土地集约利用评价及整理潜力测算——以东乡县典型村为例 [J]. 广东农业科学，2011 (14)：146 - 147 + 160.

[27] "城市存量土地潜力调研"课题组. 城市存量土地潜力的初步研究 [J]. 中外房地产导报，1997 (22)：6 - 10.

[28] 程效东，李瑞华. 城市化进程中的可持续土地利用研究 [J]. 江西农业大学学报 (社会科学版)，2004 (1)：34 - 35 + 67.

[29] 迟国泰，王卫，等. 基于科学发展的综合评价理论、方法与应用 [M]. 北京：科学出版社，2009.

[30] 戴尔阜，蔡运龙，傅泽强. 土地可持续利用的系统特征与评价 [J]. 北京大学学报 (自然科学版)，2002 (2)：231 - 238.

[31] 戴星翼. 走向绿色的发展 [M]. 上海：复旦大学出版社，1998.

[32] 邓轶，闾国年，韦玉春. 基于三维空间要素的城乡建设用地适宜性评定指标体系的构建 [J]. 测绘通报，2009 (3)：31 - 33 + 70.

[33] 杜文，白肖云. 研究适宜性评价，科学规划建设用地 [J]. 理论与改革，2008 (1)：73 - 74.

[34] 段学军，秦贤宏，陈江龙. 基于生态—经济导向的泰州市建设用地优化配置 [J]. 自然资源学报，2009 (7)：1181 - 1191.

[35] 樊杰. 对新时期国土 (区域) 规划及其理论基础建设的思考 [J]. 地理科学进展，1998 (4)：1 - 7.

[36] 樊杰. 我国主体功能区划的科学基础 [J]. 地理学报，2007 (4)：339 - 350.

[37] 樊杰. 玉树地震灾后恢复重建：资源环境承载能力评价 [M]. 北京：科学出版社，2010.

[38] 方创琳. 区域发展规划论 [M]. 北京：科学出版社，2000.

[39] 方光亮，鲁成树. 主体功能区划可利用土地资源的探讨——以芜湖市为例 [J]. 测绘与空间地理信息，2012 (8)：164 - 166.

[40] 费罗成，程久苗，沈非，等. 区域土地集约利用水平时空比较研究——

以中部地区为例 [J]. 地域研究与开发，2008 (5)：90 - 94.
[41] 冯宝林. 合理利用土地 [M]. 北京：农业出版社，1980.
[42] 冯广京，严金明. 土地利用总体规划修编的战略思路 [J]. 中国土地科学，2002 (2)：4 - 7.
[43] 傅伯杰，陈利顶，王军，等. 土地利用结构与生态过程 [J]. 第四纪研究，2003 (3)：247 - 255.
[44] 高佩华，高秋华. 城市土地集约利用潜力评价系统的开发与应用 [J]. 东北测绘，2003 (2)：49 - 51.
[45] 高志强，刘纪远. 基于遥感和 GIS 的中国土地潜力资源的研究 [J]. 遥感学报，2000 (2)：136 - 140.
[46] 郭爱请，葛京凤. 河北省城市土地集约利用潜力评价方法探讨 [J]. 资源科学，2006 (4)：65 - 70.
[47] 郭亚军. 综合评价理论、方法及应用 [M]. 北京：科学出版社，2007.
[48] 国土资源部土地整治重点实验室. 土地复垦潜力调查评价研究 [M]. 北京：中国农业科学技术出版社，2013.
[49] 何芳，吴正训. 国内外城市土地集约利用研究综述与分析 [J]. 国土经济，2002 (3)：35 - 37.
[50] 何怀宏. 契约伦理与社会正义——罗尔斯正义论中的历史与理性 [M]. 北京：中国人民大学出版社，1993.
[51] 何书金，苏光全. 开发区闲置土地的数量、分布与利用潜力 [J]. 地理科学进展，2000 (4)：343 - 350.
[52] 何书金，苏光全. 矿区废弃土地复垦潜力评价方法与应用实例 [J]. 地理研究，2000 (2)：165 - 171.
[53] 何新春，梅桂友，李新军，等. 经济发达地区生态系统可持续发展敏感因子和敏感区分析——以宁波市北仑区为例 [J]. 安全与环境工程，2005 (3)：1 - 4.
[54] 何英彬，陈佑启，姚艳敏，等. 农村居民点土地整理潜力研究方法述评 [J]. 地理与地理信息科学，2008 (4)：80 - 83.

[55] 贺可强，卢耀如，李关宾，等．山东半岛城市群地区地质资源与环境及其承载力综合分析与评价 [M]．济南：山东大学出版社，2009.

[56] 洪银兴，高波，等．可持续发展经济学 [M]．北京：商务印书馆，2000.

[57] 洪增林，薛惠锋．城市土地集约利用潜力评价指标体系 [J]．地球科学与环境学报，2006 (1)：106 – 110.

[58] 侯秀娟，王利．基于 GIS 的辽宁省可利用土地资源综合评价 [J]．国土与自然资源研究，2009 (2)：39 – 41.

[59] 胡永宏，贺思辉．综合评价方法 [M]．北京：科学出版社，2000.

[60] 胡月明，张俊平，薛月菊．土地资源评价数据挖掘方法与应用 [M]．北京：科学出版社，2012.

[61] 贾怀勤．应用统计 [M]．5 版．北京：对外经济贸易大学出版社，2010.

[62] 蒋贵国．成都市工业用地土地集约利用潜力评价研究 [J]．四川师范大学学报（自然科学版），2007 (5)：652 – 656.

[63] 蒋辉，罗国云．资源环境承载力研究的缘起与发展 [J]．资源开发与市场，2011 (5)：453 – 456.

[64] 景跃军，陈英姿．关于资源承载力的研究综述及思考 [J]．中国人口·资源与环境，2006 (5)：11 – 14.

[65] 卡特，戴尔．表土与人类文明 [M]．庄崚，鱼姗玲，译．北京：中国环境科学出版社，1987.

[66] 雷国平，宋戈．城镇土地集约利用的潜力计算与宏观评价 [J]．学习与探索，2006 (6)：184 – 187.

[67] 雷明．可持续发展下绿色核算：资源—经济—环境综合核算 [M]．北京：地质出版社，1999.

[68] 李焕，徐建春，李翠珍，等．基于 BP 人工神经网络的开发区土地集约利用评价——以浙江省为例 [J]．地域研究与开发，2011 (4)：122 – 126.

[69] 李景刚，欧名豪，刘志坚，等．江苏省开发区土地集约利用潜力研究

[J]. 中国人口·资源与环境，2006（6）：129－134.
[70] 李茂．国际土地资源评价的某些动向［J］．国土资源情报，2002（10）：4－7.
[71] 李强，刘安国，朱华晟．西方城市蔓延研究综述［J］．外国经济与管理，2005（10）：49－56.
[72] 李亚奇，席广亮，秦天．基于GIS技术的城镇建设用地适宜性评价研究——以嘉兴市凤桥镇为例［J］．河南科学，2010（1）：105－107.
[73] 李猷，王仰麟，彭建，等．基于景观生态的城市土地开发适宜性评价——以丹东市为例［J］．生态学报，2010（8）：2141－2150.
[74] 李志伟，赵鲁燕，田力，等．基于RS技术进行城市土地集约利用潜力评价——以石家庄市为例［J］．河北省科学院学报，2006（1）：77－80.
[75] 梁艳平，刘兴权，刘越，等．基于GIS的城市总体规划用地适宜性评价探讨［J］．工程勘察，2001（2）：51－53＋58.
[76] 林常春，李新旺，许皞．农村居民点整理潜力测算研究——以河北省卢龙县为例［J］．河北农业大学学报，2010（2）：46－51.
[77] 林英彦．土地利用概要［M］．台北：文笙书局，1995.
[78] 林宗棠．中国环境［M］．北京：中国环境出版社，1995.
[79] 刘斌，王勇泽．水资源承载力量化方法研究进展与展望［J］．科技信息，2009（5）：596－597.
[80] 刘国兴，张振文，冯文丽，等．矿区土地复垦潜力多级模糊综合评判分析［J］．矿产保护与利用，2007（2）：9－12.
[81] 刘会强．人与自然关系的重塑与发展观的范式变革——基于可持续发展理论先驱的分析［J］．南京社会科学，2006（1）：7－11.
[82] 刘惠敏，张业成，高庆华．论土地资源与地质灾害的双重属性与发展态势［J］．地质力学学报，2001（4）：371－376＋334.
[83] 刘鹏，关丽，罗晓燕．基于GIS的城市建设用地资源潜力评价初探［J］．地理与地理信息科学，2011（5）：69－73.
[84] 刘琼，欧名豪．城镇建设用地潜力形成机制及内涵分析［J］．南京农业

大学学报（社会科学版），2007（2）：64－68.

[85] 刘书楷，曲福田．土地经济学［M］．2版．北京：中国农业出版社，2004.

[86] 刘思慧，刘季科，王应祥．中国的生物多样性保护与自然保护区［J］．世界林业研究，2002（4）：47－54.

[87] 刘彦随．山地土地类型的结构分析与优化利用——以陕西秦岭山地为例［J］．地理学报，2001（4）：426－436.

[88] 刘耀林，焦利民．土地评价理论、方法与系统开发［M］．北京：科学出版社，2008.

[89] 柳依莎，杨华，邓伟．基于GIS的重庆市涪陵区土地适宜性评价研究［J］．安徽农业科学，2012（5）：3068－3071.

[90] 龙花楼，蔡运龙，万军．开发区土地利用的可持续性评价——以江苏昆山经济技术开发区为例［J］．地理学报，2000（6）：719－728.

[91] 陆洲杰，王裕俭．基于GIS的武汉城市建设用地适宜性评价［J］．武汉大学学报（工学版），2003，36（3B）：63－65.

[92] 罗晓燕，温宗勇，陈品祥，等．北京市建设用地资源综合决策分析平台的研究与应用［J］．测绘通报，2011（11）：77－80＋94.

[93] 罗雁文，魏晓，王良健，等．湖南省各市（州）土地资源承载力评价［J］．经济地理，2009（2）：284－289.

[94] 马传栋．论资源生态经济系统阈值与资源的可持续利用［J］．中国人口·资源与环境，1995，5（4）：17－21.

[95] 马刚，李海宇，徐逸伦．城市土地潜力分析——以南京市为例［J］．地理与地理信息科学，2005（3）：56－59.

[96] 蒙吉军．土地评价与管理［M］．北京：科学出版社，2005.

[97] 莫虹频，温宗国，陈吉宁．在土地资源和环境承载力约束下的城市工业发展［J］．清华大学学报（自然科学版），2008（12）：2088－2092.

[98] 纳普，纳尔逊．土地规划管理：美国俄勒冈州土地利用规划的经验教训［M］．丁晓红，何金祥，译．北京：中国大地出版社，2003.

[99] 倪绍祥．近10年来中国土地评价研究的进展［J］．自然资源学报，2003（6）：672－683.

［100］倪绍祥．土地类型与土地评价概论［M］．2版．北京：高等教育出版社，1999.

［101］牛慧恩．国土规划、区域规划、城市规划——论三者关系及其协调发展［J］．城市规划，2004（11）：42－46.

［102］牛文元．持续发展导论［M］．北京：科学出版社，1994.

［103］钮心毅，宋小冬．基于土地开发政策的城市用地适宜性评价［J］．城市规划学刊，2007（2）：57－61.

［104］欧雄，冯长春，李方．城镇土地利用潜力评价——以广州市天河区为例［J］．地域研究与开发，2007（5）：100－104.

［105］欧阳志云，王效科，苗鸿．中国生态环境敏感性及其区域差异规律研究［J］．生态学报，2000，20（1）：9－12.

［106］潘竟虎，郑凤娟，杨东．甘肃省土地集约利用与经济发展的时空差异分析［J］．资源科学，2011（4）：684－689.

［107］齐怒涛．基于建设用地适宜性评价的县域城乡用地布局优化研究——以浮梁县为例［J］．农村经济与科技，2009，20（5）：11－12＋18.

［108］钱乐祥，郑建闽，曹文志，等．城镇建设用地适宜性评价信息系统研究——以福建省漳州市芗城区为例［J］．热带地理，1996，16（2）：114－121.

［109］曲福田，陈江龙，冯淑怡，等．经济发展与土地可持续利用——土地可持续利用的经济学分析［M］．北京：人民出版社，2001.

［110］曲衍波，张凤荣，姜广辉，等．农村居民点用地整理潜力与“挂钩”分区研究［J］．资源科学，2011（1）：134－142.

［111］任志远，张艳芳，等．土地利用变化与生态安全评价［M］．北京：科学出版社，2003.

［112］史培军，宫鹏，李晓兵，等．土地利用/覆盖变化研究的方法与实践［M］．北京：科学出版社，2000.

[113] 宋戈，张文雅，马和．森工城市转型期土地集约利用指标体系的构建与评价——以黑龙江省伊春市为例［J］．中国土地科学，2008（10）：31－38.
[114] 宋先松，石培基，金蓉．中国水资源空间分布不均引发的供需矛盾分析［J］．干旱区研究，2005（2）：162－166.
[115] 宋兆鸿．土地利用系统工程［M］．广州：广东省地图出版社，1994.
[116] 孙华芬，赵俊三，潘邦龙，等．基于GIS和BP神经网络技术的建设用地适宜性评价研究［J］．国土资源科技管理，2008，25（1）：112－116.
[117] 孙伟，陈雯，段学军．GIS技术在区域土地开发适宜性分区中的应用——以江苏省为例［J］．计算机应用研究，2006（12）：220－223.
[118] 孙伟，严长清，陈江龙，等．基于自然生态约束的滨湖城市土地利用分区——以无锡市区为例［J］．资源科学，2008，30（6）：925－931.
[119] 索托．资本的秘密［M］．于海生，译．北京：华夏出版社，2017.
[120] 汤青，安祥生，徐勇．山西省后备建设用地潜力评价［J］．经济地理，2010，30（2）：294－298.
[121] 陶志红．城市土地集约利用几个基本问题的探讨［J］．中国土地科学，2000，14（5）：1－5.
[122] 托尔巴．论持续发展——约束和机会［M］．朱跃强，等译．北京：中国环境科学出版社，1990.
[123] 王宝铭．城乡土地评价［M］．天津：天津社会科学院出版社，1996.
[124] 王传胜，赵海英，孙贵艳，等．主体功能优化开发县域的功能区划探索——以浙江省上虞市为例［J］．地理研究，2010，29（3）：481－490.
[125] 王广杰，何伟，蒋贵国，等．城市土地潜力分析研究——以德阳市为例［J］．四川师范大学学报（自然科学版），2005，28（3）：362－365.
[126] 王国强，王令超，刘桂枝．河南省城市存量土地潜力与可持续利用研究［J］．国土资源科技管理，2001，18（2）：5－8.
[127] 王海鹰，张新长，康停军．基于GIS的城市建设用地适宜性评价理论与应用［J］．地理与地理信息科学，2009（1）：14－17.

[128] 王家庭，季凯文．中国城市土地集约利用的影响因素分析——基于34个典型城市数据的实证研究［J］．经济地理，2009（7）：1172－1176＋1181.

[129] 王俭，孙铁珩，李培军，等．环境承载力研究进展［J］．应用生态学报，2005（4）：768－772.

[130] 王金地，欧名豪，胡传景．基于FUZZY的城市土地集约利用评价——以扬州市为例［J］．国土资源科技管理，2008（1）：29－34.

[131] 王万茂，高波，夏太寿，等．土地生态经济学［M］．北京：科学技术文献出版社，1992.

[132] 王万茂，韩桐魁，等．土地利用规划学［M］．北京：中国农业出版社，2002.

[133] 王祥荣．生态与环境：城市可持续发展与生态环境调控新论［M］．南京：东南大学出版社，2000.

[134] 文琦，何彤慧．近10年来我国水资源承载力研究综述［J］．水资源保护，2005，21（6）：15－18.

[135] 吴次芳，潘文灿，等．国土规划的理论与方法［M］．北京：科学出版社，2003.

[136] 吴次芳，徐保根，等．土地生态学［M］．北京：中国大地出版社，2003.

[137] 徐琳瑜，杨志峰，李巍．城市生态系统承载力研究进展［J］．城市环境与城市生态，2003（6）：60－62.

[138] 徐勇，汤青，樊杰，等．主体功能区划可利用土地资源指标项及其算法［J］．地理研究，2010，29（7）：1223－1232.

[139] 徐中民，张志强．可持续发展定量指标体系的分类和评价［J］．西北师范大学学报（自然科学版），2000（4）：82－87.

[140] 薛继斌，徐保根，李湛，等．村级土地利用规划中的建设用地适宜性评价研究［J］．中国土地科学，2011（9）：16－21.

[141] 薛松，宗跃光．基于潜力阻力模型的城市建设用地生态适宜性评价——

以兰州榆中县为例 [J]. 国土资源科技管理，2011 (1)：1 -6.

[142] 严金明，王晨. 基于城乡统筹发展的土地管理制度改革创新模式评析与政策选择——以成都统筹城乡综合配套改革试验区为例 [J]. 中国软科学，2011 (7)：1 -8.

[143] 严金明，夏方舟，李强. 中国土地综合整治战略顶层设计 [J]. 农业工程学报，2012 (14)：1 -9.

[144] 严金明. 中国土地利用规划：理论、方法、战略 [M]. 北京：经济管理出版社，2001.

[145] 严金明. 中国土地利用与规划战略实证研究 [M]. 北京：中国大地出版社，2010.

[146] 杨大兵，李俊付，王凤. 基于 GIS 的城镇土地潜力评价系统研究 [J]. 河北工程大学学报（自然科学版)，2009 (3)：89 -92.

[147] 杨桂芳，姚长宏. 全球气候变化及我国西北地区土地利用政策的调整 [J]. 西北地质，2000 (4)：51 -55.

[148] 杨磊，张永福，王伯超. 乌鲁木齐市土地集约利用潜力评价研究 [J]. 水土保持研究，2008 (3)：35 -38 +275.

[149] 杨雯婷，廖和平，张旭，等. 花房村建设用地适宜性评价的 GIS 实现 [J]. 中国农学通报，2011 (11)：258 -261.

[150] 叶公强，陆红生. 土地调查与评价 [M]. 南京：江苏科学技术出版社，1988.

[151] 叶文虎. 可持续发展的新进展：第 3 卷 [M]. 北京：科学出版社，2010.

[152] 叶玉瑶，李小彬，张虹鸥. 珠江三角洲建设用地开发利用极限研究 [J]. 资源科学，2008 (5)：683 -687.

[153] 尹海伟，张琳琳，孔繁花，等. 基于层次分析和移动窗口方法的济南市建设用地适宜性评价 [J]. 资源科学，2013 (3)：530 -535.

[154] 英格拉姆，等. 精明增长政策评估 [M]. 贺灿飞，邹沛思，尹薇，译. 北京：科学出版社，2011.

[155] 于少康，袁芳．基于 GIS 的浮梁县建设用地适宜性评价 [J]．国土与自然资源研究，2011 (6)：22－24.

[156] 余春祥．可持续发展的环境容量和资源承载力分析 [J]．中国软科学，2004 (2)：130－133＋129.

[157] 余长明．浅论重庆市生物多样性保护与土地资源持续利用 [J]．重庆社会科学，2002 (1)：34－36.

[158] 岳晓燕，宋伶英．土地资源承载力研究方法的回顾与展望 [J]．水土保持研究，2008 (1)：254－257.

[159] 翟文侠，黄贤金，张强，等．城市开发区土地集约利用潜力研究——以江苏省典型开发区为例 [J]．资源科学，2006 (2)：54－60.

[160] 张东明，吕翠华．GIS 支持下的城市建设用地适宜性评价 [J]．测绘通报，2010 (8)：62－64＋77.

[161] 张凤荣，王静，陈百明，等．土地持续利用评价指标体系与方法 [M]．北京：中国农业出版社，2003.

[162] 张光宇，刘永清．土地利用问题的系统学思考 [J]．中国土地，1997 (10)：15－17.

[163] 张金霞．GIS 在土地适宜性评价中的应用 [J]．资源·产业，2004 (5)：27－29.

[164] 张起明，林小惠，胡梅，等．江西省可利用土地资源空间分布特征分析 [J]．中国人口·资源与环境，2011 (S2)：135－138.

[165] 张威，郭善莉，穆克华，等．资源环境因素对城市建设用地增长的影响 [J]．水土保持研究，2006 (6)：255－259.

[166] 张玮，陈基伟，刘雯，等．上海市主体功能区划分中可利用土地资源评价 [J]．上海地质，2009 (3)：32－34.

[167] 张晓玲，戴吉开，关欣，等．基于主成分分析法的城市土地利用潜力评价 [J]．湖南农业大学学报（自然科学版），2007 (1)：113－116.

[168] 张正栋．珠江流域相对资源承载力与可持续发展研究 [J]．经济地理，2004，24 (6)：758－763.

[169] 张正峰，陈百明，董锦．土地整理潜力内涵与评价方法研究初探［J］．资源科学，2002（4）：43－48.

[170] 张正峰，陈百明．土地整理潜力分析［J］．自然资源学报，2002（6）：664－669.

[171] 张正峰，赵伟．农村居民点整理潜力内涵与评价指标体系［J］．经济地理，2007（1）：137－140.

[172] 张正峰．土地整理潜力与效益评价［M］．北京：知识产权出版社，2005.

[173] 章牧，骆培聪，颜志森，等．城市土地集约利用评价——以福建省福州市为例［J］．福建师范大学学报（自然科学版），2001（4）：105－109.

[174] 章其祥，孙在宏，沈剑荣，等．城市土地集约利用潜力评价——以南京市为例［J］．南京师大学报（自然科学版），2004（3）：101－105.

[175] 赵士洞，王礼茂．可持续发展的概念和内涵［J］．自然资源学报，1996，11（3）：288－292.

[176] 赵增彦．生态文明建设：破解日趋强化的资源环境约束的有效途径［J］．东北师大学报（哲学社会科学版），2011（4）：27－30.

[177] 甄江红，成舜，郭永昌，等．包头市工业用地土地集约利用潜力评价初步研究［J］．经济地理，2004（2）：250－253.

[178] 郑华伟，刘友兆，王希睿．中国城镇化与土地集约利用关系的动态计量分析［J］．长江流域资源与环境，2011（9）：1029－1034.

[179] 郑宇，冯德显．城市化进程中水土资源可持续利用分析［J］．地理科学进展，2002（3）：223－229.

[180] 郑泽庆，黄贤金，钟太洋，等．我国城市土地集约利用评价研究综述［J］．山东师范大学学报（自然科学版），2008，23（3）：89－93＋98.

[181] 周诚．土地经济学原理［M］．北京：商务印书馆，2003.

[182] 周景博．基于环境容量的北京市经济社会活动规模评价［J］．北京社会科学，2010（5）：34－40.

[183] 周连义，汤凯，张森，等．基于 GIS 的大连市渤海沿岸建设用地适宜性评价［J］．国土与自然资源研究，2010（2）：22－23.

[184] 周生路，等．土地评价学［M］．南京：东南大学出版社，2006.

[185] 朱红梅，周子英，黄纯，等. BP 人工神经网络在城市土地集约利用评价中的应用——以长沙市为例［J］．经济地理，2009，29（5）：836－839.

[186] 宗跃光，王蓉，汪成刚，等．城市建设用地生态适宜性评价的潜力—限制性分析——以大连城市化区为例［J］．地理研究，2007，26（6）：1117－1126＋1305.

[187] ANTOINE J，FISCHER G，MAKOWSKI M. Multiple criteria land use analysis［J］．Applied mathematics and computation，1997，83（2－3）：195－215.

[188] ARTHUR M SULLIVAN. Land—use and zoning in the central business district［J］．Regional science and urban economics，1984，14（4）：521－532.

[189] BISHOP A B，FULLERTON H H，CRAWFORD A B，et al. Carrying capacity in regional environment management［M］．Washington：Government Printing Office，1974.

[190] BURROUGH P A. Principles of geographical information system for land resources assessment［M］．Oxford：Clarendon Press，1986.

[191] CAPOZZA D R，HELSLEY R W. The fundamentals of land prices and urban growth［J］．Journal of urban economics，1989，26（3）：295－306.

[192] CHESHIRE P，SHEPPARD S. The welfare economics of land use planning［J］．Journal of urban economics，2002，52（2）：242－269.

[193] DAILY G C，EHRLICH P R. Socioeconomic equity，sustainability，and earth's carrying capacity［J］．Ecological application，1996，6（4）：991－1001.

[194] DAVIDSON D A，THEOCHAROPOULOS S P，BLOKSMA R J. A land evaluation project in Greece using GIS and based on Boolean and fuzzy set

methodologies [J]. International journal of geographical information systems, 1994, 8 (4): 369 -384.

[195] DUCKSTEIN L, OPRICOVIC S. Multiobjective optimization in river basin development [J]. Water resources research, 1980, 16 (1): 14 -20.

[196] DUMANSKI J, PIERI C. Land quality indicators: research plan [J]. Agriculture ecosystems & environment, 2000, 81 (2): 93 -102.

[197] EPPLE D, ROMER T, FILIMON R. Community development with endogenous land use controls [J]. Journal of public economics, 1988, 35 (2): 133 -162.

[198] FAO. Guidelines for Land Use Planning. [M]. Rome: FAO, 1993.

[199] FAO. Report on the agro - ecological zones project : results for Southeast Asia [J]. Word soil resources reports 1980, 48 (4).

[200] VAN KOOTEN G C. Land resource economics and sustainable development [M]. Vancouver: UBC Press, 1993.

[201] HAMILTON K. Green adjustments to GDP [J]. Resources policy , 1994, 20 (3): 155 -168.

[202] JIM C Y. Green - space preservation and allocation for sustainable greening of compact cities [J]. Cities, 2004, 21 (4): 311 -320.

[203] KHANNA P, BABU P R, GEORGE M S. Carrying - capacity as a basis for sustainable development: a case study of National Capital Region in India [J]. Progress in planning, 1999, 52 (2): 101 -166.

[204] LU D D. Theories of regional development and it's practice in China [M]. Beijing: Science press, 2003.

[205] MALCZEWSKI J. GIS - based land - use suitability analysis: a critical overview [J]. Progress in planning, 2004, 62 (1): 3 -65.

[206] MARTY J R, CABELGUENNE M, HILAIRE A. Prospects for optimizing land use: agronomic, economic and sociological aspects [J]. Agricultural systems, 1986, 21 (4) 267 -277.

[207] MCMILLEN D P, JARMIN R, THORSNES P. Selection bias and land development in the monocentric city model [J]. Journal of urban economics, 1992, 31 (3): 273 -284.

[208] OH K, JEONG Y, LEE D, et al. Determining development density using the urban carrying capacity assessment system [J]. Landscape and urban planning, 2005, 73 (1): 1 -15.

[209] RIEBSAME W E, PARTON W J, GALVIN K A, et al. Integrated modeling of land use and cover change [J]. BioScience, 1994 (44): 350 -356.

[210] ROSSITER D G. A theoretical framework for land evaluation [J]. Geoderma, 1996, 72 (3 -4): 165 -190.

[211] SAYRE N F. The genesis, history, and limits of carrying capacity [J]. Annals of the association of American Geographers, 2008, 98 (1): 120 -134.

[212] SHI T. Ecological economics in China: origins, dilemmas and prospects [J]. Ecological economics, 2002, 41 (1): 5 -20.

[213] SMYTH A J, DUMANSKI J. FESLM: an international framework for evaluting sustainable land mangement [J]. World soil resoures reports, 1993, 73: 1 -56.

[214] STARK R. A hidden treasure map: highest and best use analysis [J]. ASA valuation, 1988, 33: 24 -29.

[215] TALEAI M, SHARIFI A, SLIUZAS R, et al. Evaluating the compatibility of multi -functional and intensive urban land uses [J]. International journal of applied earth observation and geoinformation, 2007, 9 (4): 375 -391.

[216] WALTER C, STÜETZEL H. A new method for assessing the sustainability of land -use systems (Ⅱ): evaluating impact indicators [J]. Ecological economics, 2009, 68 (5): 1288 -1300.

[217] ALONSO W. Location and land use [M]. Cambridge: Harvard University Press, 1964.

[218] STULL W J. Land use and zoning in an urban economy [J]. American eco-

nomic review, 1974, 64 (3): 337 -347.

[219] WU F, WEBSTER C J. Simulation of land development through the integration of cellular automata and multicriteria evaluation [J]. Environment and planning B: planning and design , 1998, 25 (1): 103 -126.

[220] YIN Y Y, PIERCE J T, LOVE E. Designing a multisector model for land conversion study [J]. Journal of environmental management, 1995, 44 (3): 249 -266.

附　录

附表 1　　**湖南省 122 个区县评价指标数据①**

城市	区县	地均固定资产投入（万元/km^2）	单位建设用地二、三产业产值（万元/km^2）	地方财政收入（万元）	城镇建筑密度（%）	人均城镇建设用地面积（m^2/人）	农村居民点用地（m^2/人）	农村人均建设用地（m^2/人）	生物多样性	城镇化水平（%）
长沙市	芙蓉区	52714.56	223808.01	186991	28.54	50	59.53	—	21.18	100.00
	天心区	171250.67	129388.47	161832	28.54	65	59.53	2415.32	26.46	99.41
	岳麓区	39814.41	60386.76	115626	28.54	100	59.53	423.44	40.77	84.11
	开福区	109948.65	85310.06	162668	28.54	82	59.53	1995.93	31.21	97.81
	雨花区	51444.71	141623.09	203688	28.54	81	59.53	2402.57	25.82	99.03

① 数据来源于官方统计年鉴。

（续表）

城市	区县	地均固定资产投入（万元/km^2）	单位建设用地二、三产业产值（万元/km^2）	地方财政收入（万元）	城镇建筑密度（%）	人均城镇建设用地面积（m^2/人）	农村居民点用地（m^2/人）	农村人均建设用地（m^2/人）	生物多样性	城镇化水平（%）
长沙市	长沙县	38501.75	81444.20	288311	28.54	146	59.53	342.15	34.96	50.65
	望城区	45408.74	53162.82	179423	28.54	172	59.53	376.32	36.14	46.17
	宁乡市	57790.42	95473.60	113831	28.54	89	59.53	383.73	45.33	43.00
	浏阳市	38132.97	99749.41	132739	65.22	87	59.53	454.73	51.69	45.65
株洲市	荷塘区	31818.40	61326.04	28769	20.57	68	55.49	899.97	32.73	94.24
	芦淞区	75144.15	102122.68	27944	20.57	64	55.49	811.10	29.61	96.48
	石峰区	28887.87	69467.22	30839	20.57	125	55.49	997.19	32.04	93.47
	天元区	44390.80	48858.27	155344	20.57	140	55.49	530.79	29.09	88.02
	渌口区	53813.57	73288.80	38638	20.57	74	55.49	348.57	38.40	28.00
	攸县	57081.28	80231.45	86986	20.57	62	55.49	398.70	46.96	40.58
	茶陵县	28041.69	45599.02	37876	20.57	55	55.49	346.32	48.12	41.73
	炎陵县	67771.52	47704.04	22559	20.57	62	55.49	280.67	57.24	38.40
	醴陵市	32165.38	81200.28	130022	23.54	64	55.49	357.94	43.08	47.40
湘潭市	雨湖区	29137.15	52858.17	35187	17.56	87	49.78	1603.44	27.40	93.60
	岳塘区	24498.32	64045.15	28769	17.56	111	49.78	672.27	29.81	94.00

（续表）

城市	区县	地均固定资产投入（万元/km^2）	单位建设用地二、三产业产值（万元/km^2）	地方财政收入（万元）	城镇建筑密度（%）	人均城镇建设用地面积（m^2/人）	农村居民点用地（m^2/人）	农村人均建设用地（m^2/人）	生物多样性	城镇化水平（%）
湘潭市	湘潭县	32005.34	57350.40	99260	17.56	92	49.78	295.78	36.94	26.48
	湘乡市	27192.34	53993.86	55297	71.43	93	49.78	300.46	41.56	26.49
	韶山市	44504.20	63233.30	14354	6.74	193	49.78	289.34	41.61	30.89
衡阳市	衡山县	24184.19	63266.35	26501	80.00	86	50.94	248.68	42.46	29.59
	衡东县	19295.66	67717.51	32706	80.00	90	50.94	292.80	36.37	28.58
	祁东县	16925.10	54355.50	29287	80.00	52	50.94	204.98	39.76	32.56
	耒阳市	28708.55	60235.03	94642	93.92	61	50.94	218.65	40.15	41.53
	常宁市	15905.32	53876.52	55580	34.61	53	50.94	243.01	49.18	41.08
	珠晖区	14791.37	60827.75	15488	34.61	93	50.94	—	26.49	100.00
	雁峰区	20965.72	74302.82	11093	34.61	106	50.94	—	25.01	100.00
	石鼓区	25549.16	31386.55	15485	34.61	73	50.94	—	25.09	100.00
	蒸湘区	22631.54	28778.01	13615	34.61	119	50.94	—	23.77	100.00
	南岳区	17531.41	38782.28	22716	34.61	78	50.94	—	47.72	100.00
	衡阳县	30139.57	38403.48	34134	34.61	44	50.94	193.75	45.18	30.01
	衡南县	17570.09	33884.88	46899	34.61	62	50.94	256.57	41.74	30.57

（续表）

城市	区县	地均固定资产投入（万元/km²）	单位建设用地二、三产业产值（万元/km²）	地方财政收入（万元）	城镇建筑密度（%）	人均城镇建设用地面积（m²/人）	农村居民点用地（m²/人）	农村人均建设用地（m²/人）	生物多样性	城镇化水平（%）
邵阳市	双清区	16799.10	30688.43	13185	72.39	83	33.99	205.87	30.84	81.82
	大祥区	23227.53	40050.12	10439	72.39	61	33.99	195.12	34.74	74.22
	北塔区	60135.35	34586.63	4831	72.39	59	33.99	291.91	33.51	69.50
	邵东市	31439.35	57255.94	43964	42.49	67	33.99	300.31	42.32	39.03
	新邵县	47457.32	33642.67	23544	42.49	65	33.99	150.76	49.02	26.36
	邵阳县	38927.12	39013.88	22675	42.49	50	33.99	154.54	47.83	26.37
	隆回县	33921.16	30888.67	26580	42.49	79	33.99	157.34	57.76	20.42
	洞口县	46297.19	31721.83	22279	42.49	63	33.99	180.18	60.12	27.66
	绥宁县	63843.20	73374.39	12209	42.49	54	33.99	139.82	63.51	22.02
	新宁县	47528.49	29617.64	23311	42.49	63	33.99	203.41	71.25	28.95
	城步苗族自治县	36408.83	23051.23	9169	42.49	82	33.99	193.74	70.17	25.66
	武冈市	40086.46	29897.35	27062	42.49	58	33.99	174.94	59.02	29.51
岳阳市	岳阳楼区	20000.77	53628.37	39933	53.23	87	42.41	244.20	29.79	86.68
	云溪区	30106.20	67416.20	18932	53.23	177	42.41	214.22	37.20	58.27

（续表）

城市	区县	地均固定资产投入（万元/km^2）	单位建设用地二、三产业产值（万元/km^2）	地方财政收入（万元）	城镇建筑密度（%）	人均城镇建设用地面积（m^2/人）	农村居民点用地（m^2/人）	农村人均建设用地（m^2/人）	生物多样性	城镇化水平（%）
岳阳市	君山区	38510.40	61787.20	8066	53.23	46	42.41	362.63	39.20	48.48
	岳阳县	82669.19	73721.51	24001	53.23	47	42.41	235.30	44.63	36.48
	华容县	59537.03	86934.13	26099	53.23	56	42.41	238.34	37.17	36.46
	湘阴县	48087.82	83879.62	28466	53.23	68	42.41	196.10	37.88	36.55
	平江县	33305.19	87822.25	26307	53.23	48	42.41	280.17	48.09	31.72
	汨罗市	49427.14	33807.32	61270	87.73	64	42.41	338.91	39.71	46.97
	临湘市	36232.87	20407.57	22578	62.00	90	42.41	200.54	41.93	40.06
常德市	武陵区	12040.23	94864.81	45929	22.47	107	47.31	401.27	31.06	83.68
	鼎城区	20492.31	48714.94	40708	22.47	67	47.31	342.68	36.12	39.10
	安乡县	16351.52	62752.42	15734	20.57	72	47.31	235.73	31.49	31.44
	汉寿县	19830.14	37274.32	23334	20.57	100	47.31	299.09	37.87	27.85
	澧县	37435.36	49130.37	40841	20.57	82	47.31	331.24	39.12	32.07
	临澧县	36833.54	56076.98	22210	20.57	69	47.31	402.11	35.45	37.65
	桃源县	21161.00	55334.32	36103	20.57	74	47.31	361.88	49.18	27.53
	石门县	26091.58	43446.60	38239	20.57	112	47.31	308.38	66.34	30.94
	津市市	15107.54	32782.67	23660	20.57	103	47.31	414.92	31.15	59.90

（续表）

城市	区县	地均固定资产投入（万元/km²）	单位建设用地二、三产业产值（万元/km²）	地方财政收入（万元）	城镇建筑密度（%）	人均城镇建设用地面积（m²/人）	农村居民点用地（m²/人）	农村人均建设用地（m²/人）	生物多样性	城镇化水平（%）
张家界市	永定区	26581.66	47425.05	23003	19.78	89	35.70	168.98	58.16	59.77
	武陵源区	27911.13	59407.82	20746	19.78	120	35.70	201.56	59.45	30.55
	慈利县	26323.24	63813.18	31761	19.78	56	35.70	223.91	55.86	27.46
	桑植县	34722.38	56972.60	16264	19.78	57	35.70	284.43	67.86	48.60
益阳市	资阳区	19619.73	40820.59	16583	81.45	65	42.22	218.91	35.37	47.13
	赫山区	33624.88	24282.89	34478	81.45	95	42.22	332.54	37.68	60.36
	南县	22690.97	45051.14	18561	81.45	47	42.22	177.27	31.85	36.11
	桃江县	33585.50	49921.55	7969	81.45	65	42.22	0.00	33.61	39.41
	安化县	27497.93	53040.02	23648	81.45	56	42.22	219.70	43.68	33.16
	沅江市	31306.93	44303.37	27178	98.24	71	42.22	170.98	53.29	24.54
郴州市	北湖区	38705.67	71165.17	—	10.69	90	38.22	—	—	—
	苏仙区	47144.90	32600.63	51577	10.69	85	38.22	189.26	—	78.09
	桂阳县	69547.02	37720.25	45217	10.69	53	38.22	212.53	54.83	58.54
	宜章县	48840.72	31510.58	64635	10.69	67	38.22	190.36	52.97	36.13
	永兴县	72028.12	98811.58	41832	10.69	49	38.22	192.46	71.83	35.80

（续表）

城市	区县	地均固定资产投入（万元/km^2）	单位建设用地二、三产业产值（万元/km^2）	地方财政收入（万元）	城镇建筑密度（%）	人均城镇建设用地面积（m^2/人）	农村居民点用地（m^2/人）	农村人均建设用地（m^2/人）	生物多样性	城镇化水平（%）
郴州市	嘉禾县	33293.64	69409.00	58447	10.69	75	38.22	214.06	50.93	35.94
	临武县	70027.41	133284.40	21413	10.69	51	38.22	145.30	53.38	36.96
	汝城县	37790.34	38495.84	26677	10.69	69	38.22	110.29	60.34	30.04
	桂东县	65460.73	99841.77	18914	10.69	46	38.22	150.09	58.53	26.72
	安仁县	51504.36	67229.54	6158	10.69	54	38.22	134.30	65.30	27.59
	资兴市	39237.61	55445.38	11212	89.73	106	38.22	306.88	53.71	34.54
永州市	零陵区	23082.13	33604.80	—	72.94	99	34.98	—	—	—
	冷水滩区	19255.82	24716.07	25089	72.94	138	34.98	309.71	48.47	47.02
	祁阳县	33440.99	44643.37	30854	72.94	73	34.98	397.63	43.05	59.51
	东安县	36822.84	49774.17	32936	72.94	70	34.98	265.50	55.12	36.09
	双牌县	43274.74	29131.07	21948	72.94	109	34.98	296.54	57.37	32.64
	道县	31080.30	29995.64	13814	72.94	99	34.98	207.64	58.65	35.09
	江永县	45807.61	20686.60	24706	72.94	161	34.98	170.99	62.14	30.55
	宁远县	24275.06	30498.38	10612	72.94	64	34.98	141.76	63.09	21.18
	蓝山县	29973.48	48535.68	26034	72.94	64	34.98	180.02	58.61	33.03

（续表）

城市	区县	地均固定资产投入（万元/km²）	单位建设用地二、三产业产值（万元/km²）	地方财政收入（万元）	城镇建筑密度（%）	人均城镇建设用地面积（m²/人）	农村居民点用地（m²/人）	农村人均建设用地（m²/人）	生物多样性	城镇化水平（%）
永州市	新田县	18842.41	20680.02	17743	72.94	131	34.98	207.71	56.21	36.39
	江华瑶族自治县	23049.83	26873.42	14333	72.94	151	34.98	170.20	50.17	26.53
怀化市	鹤城区	6586.46	31371.79	—	100.00	95	33.43	—	—	—
	中方县	39631.11	39079.74	33931	37.39	200	33.43	209.33	45.71	85.54
	沅陵县	22355.73	84063.88	18933	37.39	58	33.43	196.88	52.74	22.99
	辰溪县	40353.70	49078.66	37328	37.39	68	33.43	231.80	62.60	29.92
	溆浦县	24991.83	54139.30	26057	37.39	46	33.43	168.53	55.07	29.43
	会同县	24436.65	49641.65	28680	37.39	63	33.43	191.06	54.62	28.50
	麻阳苗族自治县	23703.27	39161.83	15881	37.39	67	33.43	181.24	52.84	24.95
	新晃侗族自治县	20729.80	40359.73	10171	37.39	86	33.43	154.28	51.13	26.94
	芷江侗族自治县	72711.52	93346.10	8346	37.39	46	33.43	180.39	53.80	25.34

（续表）

城市	区县	地均固定资产投入（万元/km^2）	单位建设用地二、三产业产值（万元/km^2）	地方财政收入（万元）	城镇建筑密度（%）	人均城镇建设用地面积（m^2/人）	农村居民点用地（m^2/人）	农村人均建设用地（m^2/人）	生物多样性	城镇化水平（%）
怀化市	靖州苗族侗族自治县	15162.52	37906.17	18477	37.39	74	33.43	228.47	54.91	25.47
	通道侗族自治县	18017.23	36959.30	12456	37.39	78	33.43	220.62	51.94	39.86
	洪江市	28426.86	28247.12	8111	37.39	97	33.43	150.38	58.82	23.95
娄底市	娄星区	12455.53	39115.39	—	70.00	121	40.80	—	—	—
	双峰县	16181.32	32556.66	25128	66.60	116	40.80	570.11	37.27	85.56
	新化县	21057.02	45165.12	26303	66.60	64	40.80	233.74	38.75	19.99
	冷水江市	14667.90	61998.91	33073	66.60	97	40.80	197.51	51.22	21.96
	涟源市	21341.91	40298.19	71363	48.80	99	40.80	291.83	39.68	72.85
湘西土家族苗族自治州	吉首市	10251.40	22591.22	—	49.02	140	23.99	—	—	—
	泸溪县	12740.72	32549.58	33126	49.02	105	23.99	183.42	50.68	70.27
	凤凰县	28001.58	52010.53	15880	49.02	66	23.99	159.83	45.77	34.20
	花垣县	12914.52	47742.44	18666	49.02	94	23.99	140.87	50.81	23.79

（续表）

城市	区县	地均固定资产投入（万元/km²）	单位建设用地二、三产业产值（万元/km²）	地方财政收入（万元）	城镇建筑密度（%）	人均城镇建设用地面积（m²/人）	农村居民点用地（m²/人）	农村人均建设用地（m²/人）	生物多样性	城镇化水平（%）
湘西土家族苗族自治州	保靖县	11398.12	46449.09	32797	49.02	71	23.99	198.11	49.17	34.06
	古丈县	18382.69	28833.31	12839	49.02	76	23.99	210.61	53.40	30.59
	永顺县	19946.62	26271.31	4878	49.02	60	23.99	186.05	51.32	30.16
	龙山县	14397.87	24364.21	11751	49.02	72	23.99	243.24	59.81	30.24

附表 2　　**存量潜力评价刚性约束指标定量分值**

城市	区县	地面高程	坡度	人均水资源量	生物多样性	河流水质	空气综合污染指数	K	有无潜力
长沙市	芙蓉区	1	1	1	10	1	1	1	有
	天心区	1	1	1	10	1	1	1	有
	岳麓区	1	1	1	1	1	1	1	有
	开福区	1	1	1	2	1	1	1	有
	雨花区	1	1	1	10	1	1	1	有
	长沙县	2	1	1	2	10	1	1	有
	望城区	2	1	1	2	1	1	1	有
	宁乡市	5	1	1	1	1	1	1	有
	浏阳市	5	2	1	1	10	1	1	有
株洲市	荷塘区	2	1	2	2	1	1	1	有
	芦淞区	2	1	2	2	1	1	1	有
	石峰区	2	1	2	2	1	1	1	有
	天元区	2	1	2	10	1	1	1	有
	渌口区	5	1	2	2	1	1	1	有
	攸县	5	2	2	1	2	1	1	有
	茶陵县	5	2	2	1	1	1	1	有
	炎陵县	10	5	2	1	1	1	1	有
	醴陵市	5	2	2	1	1	1	1	有

（续表）

城市	区县	地面高程	坡度	人均水资源量	生物多样性	河流水质	空气综合污染指数	K	有无潜力
湘潭市	雨湖区	1	1	1	10	1	1	1	有
	岳塘区	2	1	1	10	1	1	1	有
	湘潭县	2	1	1	2	10	1	1	有
	湘乡市	5	2	1	1	1	1	1	有
	韶山市	5	2	1	1	1	1	1	有
衡阳市	衡山县	2	1	1	1	2	2	1	有
	衡东县	2	1	1	2	10	2	1	有
	祁东县	2	1	1	2	10	2	1	有
	耒阳市	2	1	1	1	2	2	1	有
	常宁市	10	5	1	1	10	2	1	有
	珠晖区	5	2	1	10	10	2	1	有
	雁峰区	5	1	1	10	10	2	1	有
	石鼓区	5	1	1	10	1	2	1	有
	蒸湘区	5	1	1	10	2	2	1	有
	南岳区	5	2	1	1	2	2	1	有
	衡阳县	5	2	1	1	10	2	1	有
	衡南县	5	2	1	1	10	2	1	有

（续表）

城市	区县	地面高程	坡度	人均水资源量	生物多样性	河流水质	空气综合污染指数	K	有无潜力
邵阳市	双清区	5	1	2	2	1	2	1	有
	大祥区	5	1	2	2	2	2	1	有
	北塔区	5	1	2	2	2	2	1	有
	邵东市	5	2	2	1	1	2	1	有
	新邵县	10	5	2	1	10	2	1	有
	邵阳县	10	2	2	1	10	2	1	有
	隆回县	10	5	2	1	10	2	1	有
	洞口县	10	5	2	0	10	2	0	无
	绥宁县	10	5	2	0	10	2	0	无
	新宁县	10	5	2	0	10	2	0	无
	城步苗族自治县	10	5	2	0	10	2	0	无
	武冈市	10	2	2	1	10	2	1	有
岳阳市	岳阳楼区	2	1	2	10	10	2	1	有
	云溪区	2	1	2	2	10	2	1	有
	君山区	1	1	2	2	10	2	1	有
	岳阳县	2	1	2	1	10	2	1	有

（续表）

城市	区县	地面高程	坡度	人均水资源量	生物多样性	河流水质	空气综合污染指数	K	有无潜力
岳阳市	华容县	1	1	2	2	10	2	1	有
	湘阴县	1	1	2	2	10	2	1	有
	平江县	5	5	2	1	10	2	1	有
	汨罗市	2	1	2	2	10	2	1	有
	临湘市	5	2	2	1		2	1	有
常德市	武陵区	1	1	2	2	1	2	1	有
	鼎城区	2	1	2	2	1	2	1	有
	安乡县	1	1	2	2	10	2	1	有
	汉寿县	1	1	2	2	10	2	1	有
	澧县	5	1	2	2	10	2	1	有
	临澧县	2	1	2	2	10	2	1	有
	桃源县	5	2	2	1	1	2	1	有
	石门县	10	5	2	0	1	2	0	无
	津市市	1	1	2	2	2	2	1	有
张家界市	永定区	10	5	10	1	10	2	1	有
	武陵源区	10	5	10	1	10	2	1	有
	慈利县	10	5	10	1	10	2	1	有
	桑植县	10	5	10	0	10	2	0	无

（续表）

城市	区县	地面高程	坡度	人均水资源量	生物多样性	河流水质	空气综合污染指数	K	有无潜力
益阳市	资阳区	1	1	2	2	10	2	1	有
	赫山区	2	1	2	2	10	2	1	有
	南县	1	1	2	2	10	2	1	有
	桃江县	5	2	2	1	2	2	1	有
	安化县	10	5	2	1	10	2	1	有
	沅江市	1	1	2	2	10	2	1	有
郴州市	北湖区	10	5	2	1	1	2	1	有
	苏仙区	10	5	2	1	1	2	1	有
	桂阳县	10	2	2	1	2	2	1	有
	宜章县	10	5	2	0	2	2	0	无
	永兴县	5	2	2	1	10	2	1	有
	嘉禾县	5	2	2	1	10	2	1	有
	临武县	10	5	2	0	10	2	0	无
	汝城县	10	5	2	1	10	2	1	有
	桂东县	10	5	2	0	10	2	0	无
	安仁县	5	2	2	1	10	2	1	有
	资兴市	10	5	2	0	10	2	0	无

（续表）

城市	区县	地面高程	坡度	人均水资源量	生物多样性	河流水质	空气综合污染指数	K	有无潜力
永州市	零陵区	5	2	10	1	1	2	1	有
	冷水滩区	5	1	10	1	1	2	1	有
	祁阳县	5	2	10	1	10	2	1	有
	东安县	10	5	10	1	10	2	1	有
	双牌县	10	5	10	1	10	2	1	有
	道县	10	2	10	0	10	2	0	无
	江永县	10	5	10	0	10	2	0	无
	宁远县	10	5	10	1	10	2	1	有
	蓝山县	10	5	10	1	10	2	1	有
	新田县	10	2	10	1	10	2	1	有
	江华瑶族自治县	10	5	10	1	10	2	2	有
怀化市	鹤城区	10	2	10	1	1	2	1	有
	中方县	10	5	10	1	2	2	1	有
	沅陵县	10	5	10	0	10	2	0	无
	辰溪县	10	5	10	1	10	2	1	有
	溆浦县	10	5	10	1	10	2	1	有

（续表）

城市	区县	地面高程	坡度	人均水资源量	生物多样性	河流水质	空气综合污染指数	K	有无潜力
怀化市	会同县	10	5	10	1	10	2	1	有
	麻阳苗族自治县	10	5	10	1	10	2	1	有
	新晃侗族自治县	10	5	10	1	10	2	1	有
	芷江侗族自治县	10	5	10	1	10	2	1	有
	靖州苗族侗族自治县	10	5	10	1	10	2	1	有
	通道侗族自治县	10	5	10	1	10	2	1	有
	洪江市	10	5	10	1	10	2	1	有
娄底市	娄星区	5	2	2	2	1	2	1	有
	双峰县	5	2	2	2	1	2	1	有
	新化县	10	5	2	1	10	2	1	有
	冷水江市	10	5	2	2	10	2	2	有
	涟源市	10	5	2	2	1	2	1	有

（续表）

城市	区县	地面高程	坡度	人均水资源量	生物多样性	河流水质	空气综合污染指数	K	有无潜力
湘西土家族苗族自治州	吉首市	10	5	10	1	10	2	1	有
	泸溪县	10	5	10	1	10	2	1	有
	凤凰县	10	5	10	1	10	2	1	有
	花垣县	10	5	10	1	2	2	1	有
	保靖县	10	5	10	1	10	2	1	有
	古丈县	10	5	10	1	10	2	1	有
	永顺县	10	5	10	1	10	2	1	有
	龙山县	10	5	10	1	10	2	1	有

附表 3 **存量潜力综合评价分值与潜力等级**

城市	区县	K	单位建设用地二、三产业产值	城镇建筑密度	人均城镇建设用地面积	地均固定资产投入	地方财政收入	城镇化水平	路网密度	农村人均居民点用地	农村人均建设用地	弹性约束指标综合分值 B	潜力综合评价分值 W	存量潜力等级
长沙市	芙蓉区	1	10	10	1	6	10	10	1	10	10	79.6	79.6	Ⅰ级
	天心区	1	10	10	1	1	10	10	1	10	10	78.1	78.1	Ⅰ级
	岳麓区	1	10	10	6	6	10	10	1	10	10	85.6	85.6	Ⅰ级
	开福区	1	10	10	3	1	10	10	1	10	10	80.5	80.5	Ⅰ级
	雨花区	1	10	10	3	6	10	10	1	10	10	82.0	82.0	Ⅰ级
	长沙县	1	10	10	10	6	10	6	1	10	10	86.8	86.8	Ⅰ级
	望城区	1	10	10	10	6	10	6	1	10	10	86.8	86.8	Ⅰ级
	宁乡市	1	10	10	3	6	10	3	1	10	10	75.7	75.7	Ⅰ级
	浏阳市	1	10	3	3	6	10	6	1	10	10	70.6	70.6	Ⅰ级
株洲市	荷塘区	1	10	10	1	6	3	10	6	10	10	71.2	71.2	Ⅰ级
	芦淞区	1	10	10	1	3	3	10	6	10	10	70.3	70.3	Ⅰ级
	石峰区	1	10	10	10	6	3	10	6	10	10	82.0	82.0	Ⅰ级
	天元区	1	10	10	10	6	10	10	6	10	10	90.4	90.4	Ⅰ级
	渌口区	1	10	10	3	6	3	1	6	10	10	65.5	65.5	Ⅰ级
	攸县	1	10	10	1	6	6	3	6	10	10	68.5	68.5	Ⅰ级

（续表）

城市	区县	K	单位建设用地二、三产业产值	城镇建筑密度	人均城镇建设用地面积	地均固定资产投入	地方财政收入	城镇化水平	路网密度	农村人均居民点用地	农村人均建设用地	弹性约束指标综合分值 B	潜力综合评价分值 W	存量潜力等级
株洲市	茶陵县	1	10	10	1	6	3	3	6	10	10	64.9	64.9	Ⅰ级
	炎陵县	1	10	10	1	3	3	3	6	10	10	64.0	64.0	Ⅰ级
	醴陵市	1	10	10	1	6	10	6	6	10	10	80.5	80.5	Ⅰ级
湘潭市	雨湖区	1	10	10	3	6	3	10	10	10	10	78.3	78.3	Ⅰ级
	岳塘区	1	10	10	10	6	3	10	10	10	10	86.7	86.7	Ⅰ级
	湘潭县	1	10	10	6	6	6	1	10	10	10	77.4	77.4	Ⅰ级
	湘乡市	1	10	0	6	6	6	1	6	10	10	67.3	67.3	Ⅰ级
	韶山市	1	10	10	10	6	3	3	10	10	10	77.6	77.6	Ⅰ级
衡阳市	衡山县	1	10	1	3	6	3	1	6	10	10	50.7	50.7	Ⅱ级
	衡东县	1	10	1	6	10	3	1	6	10	10	55.5	55.5	Ⅱ级
	祁东县	1	10	1	1	10	3	3	6	10	10	51.3	51.3	Ⅱ级
	耒阳市	1	10	1	1	6	6	3	6	10	10	56.2	56.2	Ⅱ级
	常宁市	1	10	6	1	10	6	3	6	10	10	64.4	64.4	Ⅰ级
	珠晖区	1	10	6	6	10	3	10	6	10	10	70.6	70.6	Ⅰ级
	雁峰区	1	10	6	6	6	3	10	6	10	10	69.4	69.4	Ⅰ级

（续表）

城市	区县	K	单位建设用地二、三产业产值	城镇建筑密度	人均城镇建设用地面积	地均固定资产投入	地方财政收入	城镇化水平	路网密度	农村人均居民点用地	农村人均建设用地	弹性约束指标综合分值 B	潜力综合评价分值 W	存量潜力等级
衡阳市	石鼓区	1	10	6	3	6	3	10	6	10	10	65.8	65.8	Ⅰ级
	蒸湘区	1	10	6	10	6	3	10	6	10	10	74.2	74.2	Ⅰ级
	南岳区	1	10	6	3	10	3	10	6	10	10	67.0	67.0	Ⅰ级
	衡阳县	1	10	6	1	6	3	3	6	10	10	57.1	57.1	Ⅱ级
	衡南县	1	10	6	1	10	3	3	6	10	10	58.3	58.3	Ⅱ级
邵阳市	双清区	1	10	1	3	10	3	10	6	6	10	57.1	57.1	Ⅱ级
	大祥区	1	10	1	1	6	3	10	6	6	10	53.5	53.5	Ⅱ级
	北塔区	1	10	1	1	3	1	10	6	6	10	50.2	50.2	Ⅱ级
	邵东市	1	10	6	1	6	3	3	6	6	10	54.2	54.2	Ⅱ级
	新邵县	1	10	6	1	6	3	1	6	6	10	52.4	52.4	Ⅱ级
	邵阳县	1	10	6	1	6	3	1	6	6	10	52.4	52.4	Ⅱ级
	隆回县	1	10	6	3	6	3	1	6	6	10	54.8	54.8	Ⅱ级
	洞口县	0	10	6	1	6	3	1	6	6	10	52.4	0.0	Ⅳ级
	绥宁县	0	10	6	1	3	3	1	6	6	6	47.1	0.0	Ⅳ级
	新宁县	0	10	6	1	6	3	1	6	6	10	52.4	0.0	Ⅳ级

（续表）

城市	区县	K	单位建设用地二、三产业产值	城镇建筑密度	人均城镇建设用地面积	地均固定资产投入	地方财政收入	城镇化水平	路网密度	农村人均居民点用地	农村人均建设用地	弹性约束指标综合分值 B	潜力综合评价分值 W	存量潜力等级
邵阳市	城步苗族自治县	0	10	6	3	6	1	1	6	6	10	52.4	0.0	Ⅳ级
	武冈市	1	10	6	1	6	3	1	6	6	10	52.4	52.4	Ⅱ级
岳阳市	岳阳楼区	1	10	3	3	6	3	10	6	10	10	62.2	62.2	Ⅰ级
	云溪区	1	10	3	10	6	3	6	6	10	10	67.0	67.0	Ⅰ级
	君山区	1	10	3	1	6	1	6	6	10	10	53.8	53.8	Ⅱ级
	岳阳县	1	10	3	1	3	3	3	6	10	10	52.6	52.6	Ⅱ级
	华容县	1	10	3	1	6	3	3	6	10	10	53.5	53.5	Ⅱ级
	湘阴县	1	10	3	1	6	3	3	6	10	10	53.5	53.5	Ⅱ级
	平江县	1	10	3	1	6	3	3	6	10	10	53.5	53.5	Ⅱ级
	汨罗市	1	10	1	1	6	6	6	3	10	10	57.9	57.9	Ⅱ级
	临湘市	1	10	3	6	6	3	3	6	10	10	62.8	62.8	Ⅰ级
常德市	武陵区	1	10	10	6	10	3	10	10	10	10	80.6	80.6	Ⅰ级
	鼎城区	1	10	10	1	6	3	3	10·	10	10	67.1	67.1	Ⅰ级
	安乡县	1	10	10	3	10	3	3	10	10	10	70.7	70.7	Ⅰ级

（续表）

城市	区县	K	单位建设用地二、三产业产值	城镇建筑密度	人均城镇建设用地面积	地均固定资产投入	地方财政收入	城镇化水平	路网密度	农村人均居民点用地	农村人均建设用地	弹性约束指标综合分值 B	潜力综合评价分值 W	存量潜力等级
常德市	汉寿县	1	10	10	6	10	3	1	10	10	10	72.5	72.5	Ⅰ级
	澧县	1	10	10	3	6	3	3	10	10	10	69.5	69.5	Ⅰ级
	临澧县	1	10	10	1	6	3	3	10	10	10	67.1	67.1	Ⅰ级
	桃源县	1	10	10	3	6	3	1	10	10	10	67.7	67.7	Ⅰ级
	石门县	0	10	10	10	6	3	3	10	10	10	77.9	0.0	Ⅳ级
	津市市	1	10	10	6	10	3	6	10	10	10	79.5	79.5	Ⅰ级
张家界市	永定区	1	10	10	3	6	3	6	6	6	10	61.4	61.4	Ⅰ级
	武陵源区	1	10	10	10	6	3	3	6	6	10	67.1	67.1	Ⅰ级
	慈利县	1	10	10	1	6	3	1	3	6	10	52.1	52.1	Ⅱ级
	桑植县	0	10	10	1	6	3	6	3	6	10	56.6	0.0	Ⅳ级
益阳市	资阳区	1	10	1	1	10	3	6	3	10	10	54.4	54.4	Ⅱ级
	赫山区	1	10	1	6	6	3	10	3	10	10	62.8	62.8	Ⅰ级
	南县	1	10	1	1	6	3	3	3	10	10	50.5	50.5	Ⅱ级
	桃江县	1	10	1	1	6	3	3	3	10	10	50.5	50.5	Ⅱ级
	安化县	1	10	1	1	6	3	1	3	10	10	48.7	48.7	Ⅱ级
	沅江市	1	10	1	3	6	3	3	3	10	10	57.4	57.4	Ⅱ级

（续表）

城市	区县	K	单位建设用地二、三产业产值	城镇建筑密度	人均城镇建设用地面积	地均固定资产投入	地方财政收入	城镇化水平	路网密度	农村人均居民点用地	农村人均建设用地	弹性约束指标综合分值 B	潜力综合评价分值 W	存量潜力等级
郴州市	北湖区	1	10	10	6	6	6	10	3	6	10	69.0	69.0	Ⅰ级
	苏仙区	1	10	10	3	6	3	6	3	6	10	58.2	58.2	Ⅱ级
	桂阳县	1	10	10	1	3	6	3	3	6	10	55.8	55.8	Ⅱ级
	宜章县	0	10	10	1	6	3	3	3	6	10	53.1	0.0	Ⅳ级
	永兴县	1	10	10	1	3	6	3	3	6	10	55.8	55.8	Ⅱ级
	嘉禾县	1	10	10	3	6	3	3	3	6	6	51.1	51.1	Ⅱ级
	临武县	0	10	10	1	3	3	3	3	6	3	44.5	0.0	Ⅳ级
	汝城县	1	10	10	1	6	3	1	3	6	10	51.3	51.3	Ⅱ级
	桂东县	0	10	10	1	3	1	1	3	6	6	43.6	0.0	Ⅳ级
	安仁县	1	10	10	1	6	3	3	3	6	10	53.1	53.1	Ⅱ级
	资兴市	0	10	1	6	6	6	6	3	6	10	52.6	0.0	Ⅳ级
永州市	零陵区	1	10	1	6	6	3	6	3	3	10	47.6	47.6	Ⅱ级
	冷水滩区	1	10	1	10	10	3	6	3	3	10	53.6	53.6	Ⅱ级
	祁阳县	1	10	1	3	6	3	3	3	3	10	41.3	41.3	Ⅲ级
	东安县	1	10	1	3	6	3	3	3	3	10	41.3	41.3	Ⅲ级

（续表）

城市	区县	K	单位建设用地二、三产业产值	城镇建筑密度	人均城镇建设用地面积	地均固定资产投入	地方财政收入	城镇化水平	路网密度	农村人均居民点用地	农村人均建设用地	弹性约束指标综合分值 B	潜力综合评价分值 W	存量潜力等级
永州市	双牌县	1	10	1	6	6	3	3	3	3	10	44.9	44.9	Ⅲ级
	道县	0	10	1	6	6	3	3	3	3	10	44.9	0.0	Ⅳ级
	江永县	0	10	1	10	6	3	1	3	3	6	43.5	0.0	Ⅳ级
	宁远县	1	10	1	1	6	3	3	3	3	10	38.9	38.9	Ⅲ级
	蓝山县	1	10	1	1	6	3	3	3	3	10	38.9	38.9	Ⅲ级
	新田县	1	10	1	10	10	3	1	3	3	10	49.1	49.1	Ⅱ级
	江华瑶族自治县	2	10	1	10	6	3	1	3	3	10	47.9	95.8	Ⅰ级
怀化市	鹤城区	1	10	1	6	10	3	10	1	3	10	52.8	52.8	Ⅱ级
	中方县	1	10	6	10	6	3	1	1	3	10	55.3	55.3	Ⅱ级
	沅陵县	0	10	6	1	6	3	1	1	3	10	44.5	0.0	Ⅳ级
	辰溪县	1	10	6	1	6	3	1	1	3	10	44.5	44.5	Ⅲ级
	溆浦县	1	10	6	1	6	3	1	1	3	10	44.5	44.5	Ⅲ级
	会同县	1	10	6	1	6	3	1	1	3	10	44.5	44.5	Ⅲ级
	麻阳苗族自治县	1	10	6	1	6	3	1	1	3	10	44.5	44.5	Ⅲ级

（续表）

城市	区县	K	单位建设用地二、三产业产值	城镇建筑密度	人均城镇建设用地面积	地均固定资产投入	地方财政收入	城镇化水平	路网密度	农村人均居民点用地	农村人均建设用地	弹性约束指标综合分值 B	潜力综合评价分值 W	存量潜力等级
怀化市	新晃侗族自治县	1	10	6	3	6	1	1	1	3	10	44.5	44.5	Ⅲ级
	芷江侗族自治县	1	10	6	1	3	3	1	1	3	10	43.6	43.6	Ⅲ级
	靖州苗族侗族自治县	1	10	6	3	10	3	1	1	3	10	48.1	48.1	Ⅱ级
	通道侗族自治县	1	10	6	3	10	1	1	1	3	10	45.7	45.7	Ⅱ级
	洪江市	1	10	6	6	6	3	3	1	3	10	51.9	51.9	Ⅱ级
娄底市	娄星区	1	10	3	10	10	3	10	10	10	10	78.2	78.2	Ⅰ级
	双峰县	1	10	3	10	10	3	1	10	10	10	70.1	70.1	Ⅰ级
	新化县	1	10	3	1	6	3	1	10	10	10	58.1	58.1	Ⅱ级
	冷水江市	2	10	3	6	10	6	10	10	10	10	76.9	153.8	Ⅰ级
	涟源市	1	10	6	6	6	3	1	6	10	10	65.8	65.8	Ⅰ级

（续表）

城市	区县	K	单位建设用地二、三产业产值	城镇建筑密度	人均城镇建设用地面积	地均固定资产投入	地方财政收入	城镇化水平	路网密度	农村人均居民点用地	农村人均建设用地	弹性约束指标综合分值 B	潜力综合评价分值 W	存量潜力等级
湘西土家族苗族自治州	吉首市	1	10	6	10	10	3	10	10	1	10	70.0	70.0	Ⅰ级
	泸溪县	1	10	6	6	10	3	3	10	1	10	58.9	58.9	Ⅱ级
	凤凰县	1	10	6	1	6	3	1	10	1	6	45.5	45.5	Ⅱ级
	花垣县	1	10	6	6	10	3	3	10	1	10	58.9	58.9	Ⅱ级
	保靖县	1	10	6	3	10	3	3	10	1	10	55.3	55.3	Ⅱ级
	古丈县	1	10	6	3	10	1	3	10	1	10	52.9	52.9	Ⅱ级
	永顺县	1	10	6	1	10	3	3	10	1	10	52.9	52.9	Ⅱ级
	龙山县	1	10	6	3	10	3	1	10	1	10	53.5	53.5	Ⅱ级

附表 4　增量潜力评价刚性约束指标定量分值

城市	区县	地面高程	坡度	人均水资源量	生物多样性	河流水质	空气综合污染指数	地质灾害易发程度	影响系数	增量潜力（有无潜力）
长沙市	芙蓉区	10	10	1	10	1	1	0	0	无
	天心区	10	10	1	10	1	1	0	0	无
	岳麓区	10	10	1	1	1	1	1	1	有
	开福区	10	10	1	2	1	1	0	0	无
	雨花区	10	10	1	10	1	1	0	0	无
	长沙县	2	10	1	2	10	1	1	1	有
	望城区	2	10	1	2	1	1	0	0	无
	宁乡市	1	10	1	1	1	1	0	0	无
	浏阳市	1	2	1	1	10	1	1	1	有
株洲市	荷塘区	2	10	2	2	1	1	1	1	有
	芦淞区	2	10	2	2	1	1	1	1	有
	石峰区	2	10	2	2	1	1	1	1	有
	天元区	2	10	2	10	1	1	2	1	有
	渌口区	1	10	2	2	1	1	2	1	有
	攸县	1	2	2	1	2	1	1	1	有
	茶陵县	1	2	2	1	1	1	1	1	有
	炎陵县	0	1	2	1	1	1	2	0	无
	醴陵市	1	2	2	1	1	1	2	1	有

（续表）

城市	区县	地面高程	坡度	人均水资源量	生物多样性	河流水质	空气综合污染指数	地质灾害易发程度	影响系数	增量潜力（有无潜力）
湘潭市	雨湖区	10	10	1	10	1	1	2	1	有
	岳塘区	2	10	1	10	1	1	2	1	有
	湘潭县	2	10	1	2	10	1	1	1	有
	湘乡市	1	2	1	1	1	1	1	1	有
	韶山市	1	2	1	1	1	1	2	1	有
衡阳市	衡山县	2	10	1	1	2	2	2	1	有
	衡东县	2	10	1	2	10	2	1	1	有
	祁东县	2	10	1	2	10	2	1	1	有
	耒阳市	2	10	1	1	2	2	1	1	有
	常宁市	0	1	1	1	10	2	1	0	无
	珠晖区	1	2	1	10	10	2	1	1	有
	雁峰区	1	10	1	10	10	2	1	1	有
	石鼓区	1	10	1	10	1	2	2	1	有
	蒸湘区	1	10	1	10	2	2	1	1	有
	南岳区	1	2	1	1	2	2	10	1	有
	衡阳县	1	2	1	1	10	2	2	1	有
	衡南县	1	2	1	1	10	2	2	1	有

（续表）

城市	区县	地面高程	坡度	人均水资源量	生物多样性	河流水质	空气综合污染指数	地质灾害易发程度	影响系数	增量潜力（有无潜力）
邵阳市	双清区	1	10	2	2	1	2	1	1	有
	大祥区	1	10	2	2	2	2	1	1	有
	北塔区	1	10	2	2	2	2	1	1	有
	邵东市	1	2	2	1	1	2	1	1	有
	新邵县	0	1	2	1	10	2	1	0	无
	邵阳县	0	2	2	1	10	2	2	0	无
	隆回县	0	1	2	1	10	2	1	0	无
	洞口县	0	1	2	0	10	2	2	0	无
	绥宁县	0	1	2	0	10	2	2	0	无
	新宁县	0	1	2	0	10	2	2	0	无
	城步苗族自治县	0	1	2	0	10	2	10	0	无
	武冈市	0	2	2	1	10	2	2	0	无
岳阳市	岳阳楼区	2	10	2	10	10	2	2	2	有
	云溪区	2	10	2	2	10	2	2	2	有
	君山区	10	10	2	2	10	2	1	1	有

（续表）

城市	区县	地面高程	坡度	人均水资源量	生物多样性	河流水质	空气综合污染指数	地质灾害易发程度	影响系数	增量潜力（有无潜力）
岳阳市	岳阳县	2	10	2	1	10	2	2	1	有
	华容县	10	10	2	2	10	2	1	1	有
	湘阴县	10	10	2	2	10	2	1	1	有
	平江县	1	1	2	1	10	2	1	1	有
	汨罗市	2	10	2	2	10	2	2	2	有
	临湘市	1	2	2	1	0	2	2	1	有
常德市	武陵区	10	10	2	2	1	2	10	1	有
	鼎城区	2	10	2	2	1	2	1	1	有
	安乡县	10	10	2	2	10	2	2	2	有
	汉寿县	10	10	2	2	10	2	1	1	有
	澧县	1	10	2	2	10	2	1	1	有
	临澧县	2	10	2	2	10	2	2	2	有
	桃源县	1	2	2	1	1	2	1	1	有
	石门县	0	1	2	0	1	2	0	0	无
	津市市	10	10	2	2	2	2	10	2	有
张家界市	永定区	0	1	10	1	10	2	10	0	无
	武陵源区	0	1	10	1	10	2	10	0	无

（续表）

城市	区县	地面高程	坡度	人均水资源量	生物多样性	河流水质	空气综合污染指数	地质灾害易发程度	影响系数	增量潜力（有无潜力）
张家界市	慈利县	0	1	10	1	10	2	10	0	无
	桑植县	0	1	10	0	10	2	2	0	无
益阳市	资阳区	10	10	2	2	10	2	1	1	有
	赫山区	2	10	2	2	10	2	2	2	有
	南县	10	10	2	2	10	2	1	1	有
	桃江县	1	2	2	1	2	2	2	1	有
	安化县	0	1	2	1	10	2	2	0	无
	沅江市	10	10	2	2	10	2	1	1	有
郴州市	北湖区	0	1	2	1	1	2	10	0	无
	苏仙区	0	1	2	1	1	2	10	0	无
	桂阳县	0	2	2	1	2	2	1	0	无
	宜章县	0	1	2	0	2	2	10	0	无
	永兴县	1	2	2	1	10	2	2	1	有
	嘉禾县	1	2	2	1	10	2	2	1	有
	临武县	0	1	2	0	10	2	10	0	无
	汝城县	0	1	2	1	10	2	2	0	无

（续表）

城市	区县	地面高程	坡度	人均水资源量	生物多样性	河流水质	空气综合污染指数	地质灾害易发程度	影响系数	增量潜力（有无潜力）
郴州市	桂东县	0	1	2	0	10	2	2	0	无
	安仁县	1	2	2	1	10	2	10	1	有
	资兴市	0	1	2	0	10	2	0	0	无
永州市	零陵区	1	2	10	1	1	2	1	1	有
	冷水滩区	1	10	10	1	1	2	2	1	有
	祁阳县	1	2	10	1	10	2	1	1	有
	东安县	0	1	10	1	10	2	2	0	无
	双牌县	0	1	10	1	10	2	10	0	无
	道县	0	2	10	0	10	2	2	0	无
	江永县	0	1	10	0	10	2	10	0	无
	宁远县	0	1	10	1	10	2	10	0	无
	蓝山县	0	1	10	1	10	2	10	0	无
	新田县	0	2	10	1	10	2	2	0	无
	江华瑶族自治县	0	1	10	0	10	2	10	0	无

（续表）

城市	区县	地面高程	坡度	人均水资源量	生物多样性	河流水质	空气综合污染指数	地质灾害易发程度	影响系数	增量潜力（有无潜力）
怀化市	鹤城区	0	2	10	1	1	2	10	0	无
	中方县	0	1	10	1	2	2	2	0	无
	沅陵县	0	1	10	0	10	2	1	0	无
	辰溪县	0	1	10	1	10	2	10	0	无
	溆浦县	0	1	10	1	10	2	2	0	无
	会同县	0	1	10	1	10	2	2	0	无
	麻阳苗族自治县	0	1	10	1	10	2	2	0	无
	新晃侗族自治县	0	1	10	1	10	2	10	0	无
	芷江侗族自治县	0	1	10	1	10	2	10	0	无
	靖州苗族侗族自治县	0	1	10	1	10	2	10	0	无
	通道侗族自治县	0	1	10	1	10	2	10	0	无
	洪江市	0	1	10	1	10	2	2	0	无

（续表）

城市	区县	地面高程	坡度	人均水资源量	生物多样性	河流水质	空气综合污染指数	地质灾害易发程度	影响系数	增量潜力（有无潜力）
娄底市	娄星区	1	2	2	2	1	2	2	1	有
	双峰县	1	2	2	2	1	2	1	1	有
	新化县	0	1	2	1	10	2	0	0	无
	冷水江市	0	1	2	2	10	2	1	0	无
	涟源市	0	1	2	2	1	2	1	0	无
湘西土家族苗族自治州	吉首市	0	1	10	1	10	2	2	0	无
	泸溪县	0	1	10	1	10	2	10	0	无
	凤凰县	0	1	10	1	10	2	2	0	无
	花垣县	0	1	10	1	2	2	2	0	无
	保靖县	0	1	10	1	10	2	2	0	无
	古丈县	0	1	10	1	10	2	10	0	无
	永顺县	0	1	10	1	10	2	2	0	无
	龙山县	0	1	10	1	10	2	2	0	无

附表 5　增量潜力综合评价分值与潜力等级

城市	区县	影响系数	人口密度	城镇化水平	路网密度	地方财政收入	人均后备建设用地面积	后备建设用地开发难易程度	弹性约束指标综合分值 B	增量潜力分值	增量潜力等级
长沙市	芙蓉区	0	10	1	10	10	1	1	38.8	0.0	Ⅳ级
	天心区	0	10	1	10	10	1	1	38.8	0.0	Ⅳ级
	岳麓区	1	6	1	10	10	3	1	43.2	43.2	Ⅲ级
	开福区	0	6	1	10	10	1	1	38.8	0.0	Ⅳ级
	雨花区	0	10	1	10	10	1	1	38.8	0.0	Ⅳ级
	长沙县	1	3	6	10	10	10	3	75.3	75.3	Ⅰ级
	望城区	0	6	6	10	10	6	1	62.3	0.0	Ⅳ级
	宁乡市	0	3	6	10	10	10	6	81.6	0.0	Ⅳ级
	浏阳市	1	3	6	10	10	10	10	90.0	90.0	Ⅰ级
株洲市	荷塘区	1	6	1	10	3	1	1	24.8	24.8	Ⅲ级
	芦淞区	1	6	1	10	3	1	1	24.8	24.8	Ⅲ级
	石峰区	1	6	1	10	3	1	1	24.8	24.8	Ⅲ级
	天元区	1	6	1	10	10	3	1	43.2	43.2	Ⅲ级
	渌口区	1	3	1	10	3	10	3	48.8	48.8	Ⅱ级
	攸县	1	3	6	10	6	10	6	73.6	73.6	Ⅰ级

（续表）

城市	区县	影响系数	人口密度	城镇化水平	路网密度	地方财政收入	人均后备建设用地面积	后备建设用地开发难易程度	弹性约束指标综合分值 B	增量潜力分值	增量潜力等级
株洲市	茶陵县	1	3	6	10	3	10	6	67.6	67.6	Ⅰ级
	炎陵县	0	3	3	10	3	10	3	53.8	0.0	Ⅳ级
	醴陵市	1	3	6	10	10	10	3	75.3	75.3	Ⅰ级
湘潭市	雨湖区	1	6	1	10	3	3	1	29.2	29.2	Ⅲ级
	岳塘区	1	6	1	10	3	1	1	24.8	24.8	Ⅲ级
	湘潭县	1	3	1	10	6	10	3	54.8	54.8	Ⅱ级
	湘乡市	1	3	1	10	6	10	3	54.8	54.8	Ⅱ级
	韶山市	1	3	3	10	3	10	1	49.6	49.6	Ⅱ级
衡阳市	衡山县	1	3	1	10	3	10	3	48.8	48.8	Ⅱ级
	衡东县	1	3	1	10	3	10	3	48.8	48.8	Ⅱ级
	祁东县	1	6	3	10	3	10	10	68.5	68.5	Ⅰ级
	耒阳市	1	3	6	10	6	10	6	73.6	73.6	Ⅰ级
	常宁市	0	3	6	10	6	10	3	67.3	0.0	Ⅳ级
	珠晖区	1	6	1	10	3	3	1	29.2	29.2	Ⅲ级
	雁峰区	1	6	1	10	3	1	1	24.8	24.8	Ⅲ级

（续表）

城市	区县	影响系数	人口密度	城镇化水平	路网密度	地方财政收入	人均后备建设用地面积	后备建设用地开发难易程度	弹性约束指标综合分值 B	增量潜力分值	增量潜力等级
衡阳市	石鼓区	1	6	1	10	3	1	1	24.8	24.8	Ⅲ级
	蒸湘区	1	6	1	10	3	1	1	24.8	24.8	Ⅲ级
	南岳区	1	3	1	10	3	10	1	44.6	44.6	Ⅲ级
	衡阳县	1	3	3	10	3	10	6	60.1	60.1	Ⅰ级
	衡南县	1	3	3	10	3	10	6	60.1	60.1	Ⅰ级
邵阳市	双清区	1	6	1	10	3	1	1	24.8	24.8	Ⅲ级
	大祥区	1	6	10	10	3	1	1	47.3	47.3	Ⅱ级
	北塔区	1	6	10	10	1	3	1	47.7	47.7	Ⅱ级
	邵东市	1	6	3	10	3	10	6	60.1	60.1	Ⅰ级
	新邵县	0	3	1	10	3	10	3	48.8	0.0	Ⅳ级
	邵阳县	0	3	1	10	3	10	6	55.1	0.0	Ⅳ级
	隆回县	0	3	1	10	3	10	10	63.5	0.0	Ⅳ级
	洞口县	0	3	1	10	3	10	6	55.1	0.0	Ⅳ级
	绥宁县	0	3	1	10	3	10	10	63.5	0.0	Ⅳ级
	新宁县	0	3	1	10	3	10	10	63.5	0.0	Ⅳ级

（续表）

城市	区县	影响系数	人口密度	城镇化水平	路网密度	地方财政收入	人均后备建设用地面积	后备建设用地开发难易程度	弹性约束指标综合分值 B	增量潜力分值	增量潜力等级
邵阳市	城步苗族自治县	0	3	1	10	1	10	10	59.5	0.0	Ⅳ级
	武冈市	0	3	1	10	3	10	6	55.1	0.0	Ⅳ级
岳阳市	岳阳楼区	2	6	1	10	3	1	3	29.0	58.0	Ⅱ级
	云溪区	2	3	6	10	3	10	1	57.1	114.2	Ⅰ级
	君山区	1	3	6	10	1	10	1	53.1	53.1	Ⅱ级
	岳阳县	1	3	3	10	3	10	6	60.1	60.1	Ⅰ级
	华容县	1	3	3	10	3	10	6	60.1	60.1	Ⅰ级
	湘阴县	1	3	3	10	3	10	6	60.1	60.1	Ⅰ级
	平江县	1	3	3	10	3	10	10	68.5	68.5	Ⅰ级
	汨罗市	2	3	6	10	6	10	6	73.6	147.2	Ⅰ级
	临湘市	1	3	6	10	3	10	6	67.6	67.6	Ⅰ级
常德市	武陵区	1	6	1	10	3	1	1	24.8	24.8	Ⅲ级
	鼎城区	1	3	3	10	3	10	6	60.1	60.1	Ⅰ级
	安乡县	2	3	3	10	3	10	1	49.6	99.2	Ⅰ级

（续表）

城市	区县	影响系数	人口密度	城镇化水平	路网密度	地方财政收入	人均后备建设用地面积	后备建设用地开发难易程度	弹性约束指标综合分值 B	增量潜力分值	增量潜力等级
常德市	汉寿县	1	3	1	10	3	10	3	48.8	48.8	Ⅱ级
	澧县	1	3	3	10	3	10	6	60.1	60.1	Ⅰ级
	临澧县	2	3	3	10	3	10	3	53.8	107.6	Ⅰ级
	桃源县	1	3	1	10	3	10	10	63.5	63.5	Ⅰ级
	石门县	0	3	3	10	3	10	10	68.5	0.0	Ⅳ级
	津市市	2	3	6	10	3	10	1	57.1	114.2	Ⅰ级
张家界市	永定区	0	3	6	10	3	10	6	67.6	0.0	Ⅳ级
	武陵源区	0	3	3	10	3	10	1	49.6	0.0	Ⅳ级
	慈利县	0	3	1	10	3	10	10	63.5	0.0	Ⅳ级
	桑植县	0	3	6	10	3	10	10	76.0	0.0	Ⅳ级
益阳市	资阳区	1	6	6	10	3	6	1	48.3	48.3	Ⅱ级
	赫山区	2	6	10	10	3	6	3	62.5	125.0	Ⅰ级
	南县	1	6	3	10	3	6	3	45.0	45.0	Ⅲ级
	桃江县	1	3	3	10	3	10	3	53.8	53.8	Ⅱ级
	安化县	0	3	1	10	3	10	10	63.5	0.0	Ⅳ级
	沅江市	1	3	6	10	3	10	6	67.6	67.6	Ⅰ级

（续表）

城市	区县	影响系数	人口密度	城镇化水平	路网密度	地方财政收入	人均后备建设用地面积	后备建设用地开发难易程度	弹性约束指标综合分值 B	增量潜力分值	增量潜力等级
郴州市	北湖区	0	6	10	10	6	10	3	77.3	0.0	Ⅳ级
	苏仙区	0	3	6	10	3	10	3	61.3	0.0	Ⅳ级
	桂阳县	0	3	3	10	6	10	10	74.5	0.0	Ⅳ级
	宜章县	0	3	3	10	3	10	10	68.5	0.0	Ⅳ级
	永兴县	1	3	3	10	6	10	6	66.1	66.1	Ⅰ级
	嘉禾县	1	3	3	10	3	10	3	53.8	53.8	Ⅱ级
	临武县	0	3	3	10	3	10	3	31.8	0.0	Ⅳ级
	汝城县	0	3	1	10	3	10	6	55.1	0.0	Ⅳ级
	桂东县	0	3	1	10	1	10	3	44.8	0.0	Ⅳ级
	安仁县	1	3	3	10	3	10	3	53.8	53.8	Ⅱ级
	资兴市	0	3	6	10	6	10	10	82.0	0.0	Ⅳ级
永州市	零陵区	1	3	6	10	3	10	6	67.6	67.6	Ⅰ级
	冷水滩区	1	3	6	10	3	10	3	61.3	61.3	Ⅰ级
	祁阳县	1	3	3	10	3	10	10	68.5	68.5	Ⅰ级
	东安县	0	3	3	10	3	10	6	60.1	0.0	Ⅳ级

（续表）

城市	区县	影响系数	人口密度	城镇化水平	路网密度	地方财政收入	人均后备建设用地面积	后备建设用地开发难易程度	弹性约束指标综合分值 B	增量潜力分值	增量潜力等级
永州市	双牌县	0	3	3	10	3	10	3	53.8	0.0	Ⅳ级
	道县	0	3	3	10	3	10	6	60.1	0.0	Ⅳ级
	江永县	0	3	1	6	3	10	10	58.7	0.0	Ⅳ级
	宁远县	0	3	3	10	3	10	10	68.5	0.0	Ⅳ级
	蓝山县	0	3	3	10	3	10	3	53.8	0.0	Ⅳ级
	新田县	0	3	1	10	3	10	6	55.1	0.0	Ⅳ级
	江华瑶族自治县	0	3	1	10	3	10	10	63.5	0.0	Ⅳ级
怀化市	鹤城区	0	6	1	10	3	6	3	40.0	0.0	Ⅳ级
	中方县	0	3	1	10	3	10	6	55.1	0.0	Ⅳ级
	沅陵县	0	3	1	6	3	10	10	58.7	0.0	Ⅳ级
	辰溪县	0	3	1	10	3	10	10	63.5	0.0	Ⅳ级
	溆浦县	0	3	1	10	3	10	10	63.5	0.0	Ⅳ级
	会同县	0	3	1	10	3	10	6	55.1	0.0	Ⅳ级
	麻阳苗族自治县	0	3	1	10	3	10	10	63.5	0.0	Ⅳ级

（续表）

城市	区县	影响系数	人口密度	城镇化水平	路网密度	地方财政收入	人均后备建设用地面积	后备建设用地开发难易程度	弹性约束指标综合分值 B	增量潜力分值	增量潜力等级
怀化市	新晃侗族自治县	0	3	1	10	1	10	3	44.8	0.0	Ⅳ级
	芷江侗族自治县	0	3	1	10	3	10	10	63.5	0.0	Ⅳ级
	靖州苗族侗族自治县	0	3	3	10	3	10	6	60.1	0.0	Ⅳ级
	通道侗族自治县	0	3	1	10	1	10	6	51.1	0.0	Ⅳ级
	洪江市	0	3	3	10	3	10	10	68.5	0.0	Ⅳ级
娄底市	娄星区	1	6	1	10	3	3	1	29.2	29.2	Ⅲ级
	双峰县	1	3	1	10	3	10	6	55.1	55.1	Ⅱ级
	新化县	0	3	1	10	3	10	10	63.5	0.0	Ⅳ级
	冷水江市	0	6	10	10	6	6	1	64.3	0.0	Ⅳ级
	涟源市	0	6	1	10	3	10	6	55.1	0.0	Ⅳ级
湘西土家族苗族自治州	吉首市	0	3	10	10	3	10	6	77.6	0.0	Ⅳ级
	泸溪县	0	3	3	10	3	10	10	68.5	0.0	Ⅳ级

（续表）

城市	区县	影响系数	人口密度	城镇化水平	路网密度	地方财政收入	人均后备建设用地面积	后备建设用地开发难易程度	弹性约束指标综合分值 B	增量潜力分值	增量潜力等级
湘西土家族苗族自治州	凤凰县	0	3	1	10	3	10	6	55.1	0.0	Ⅳ级
	花垣县	0	3	3	10	3	10	3	53.8	0.0	Ⅳ级
	保靖县	0	3	3	6	3	10	10	63.7	0.0	Ⅳ级
	古丈县	0	3	3	10	1	10	3	49.8	0.0	Ⅳ级
	永顺县	0	3	3	10	3	10	10	68.5	0.0	Ⅳ级
	龙山县	0	3	1	10	3	10	10	63.5	0.0	Ⅳ级

附表 6 **存量潜力与增量潜力对比**

城市	区县	增量潜力等级	增量潜力面积（km^2）	存量潜力等级	存量潜力面积（km^2）
长沙市	芙蓉区	Ⅳ级	5.31	Ⅰ级	36.20
	天心区	Ⅳ级	18.10	Ⅰ级	49.37
	岳麓区	Ⅲ级	298.19	Ⅰ级	144.26
	开福区	Ⅳ级	74.21	Ⅰ级	88.07
	雨花区	Ⅳ级	23.96	Ⅰ级	88.47
	长沙县	Ⅰ级	1220.49	Ⅰ级	308.33
	望城区	Ⅳ级	497.81	Ⅰ级	184.97
	宁乡市	Ⅳ级	1771.17	Ⅰ级	371.34
	浏阳市	Ⅰ级	3906.59	Ⅰ级	468.14
株洲市	荷塘区	Ⅲ级	82.87	Ⅰ级	41.61
	芦淞区	Ⅲ级	34.45	Ⅰ级	25.44
	石峰区	Ⅲ级	87.86	Ⅰ级	58.16
	天元区	Ⅲ级	79.58	Ⅰ级	48.54
	渌口区	Ⅱ级	975.35	Ⅰ级	135.38
	攸县	Ⅰ级	1946.49	Ⅰ级	245.23
	茶陵县	Ⅰ级	2000.67	Ⅰ级	181.23
	炎陵县	Ⅳ级	1837.84	Ⅰ级	63.23
	醴陵市	Ⅰ级	1477.19	Ⅰ级	261.77

（续表）

城市	区县	增量潜力等级	增量潜力面积（km^2）	存量潜力等级	存量潜力面积（km^2）
湘潭市	雨湖区	Ⅲ级	218.96	Ⅰ级	114.07
	岳塘区	Ⅲ级	97.25	Ⅰ级	81.33
	湘潭县	Ⅱ级	1306.56	Ⅰ级	285.40
	湘乡市	Ⅱ级	1279.16	Ⅰ级	235.71
	韶山市	Ⅱ级	130.98	Ⅰ级	30.99
衡阳市	衡山县	Ⅱ级	650.60	Ⅱ级	101.23
	衡东县	Ⅱ级	1375.10	Ⅱ级	187.82
	祁东县	Ⅰ级	1249.92	Ⅱ级	185.03
	耒阳市	Ⅰ级	1885.22	Ⅱ级	243.79
	常宁市	Ⅳ级	1461.59	Ⅰ级	182.99
	珠晖区	Ⅲ级	110.71	Ⅰ级	62.57
	雁峰区	Ⅲ级	38.51	Ⅰ级	33.14
	石鼓区	Ⅲ级	52.17	Ⅰ级	30.09
	蒸湘区	Ⅲ级	44.51	Ⅰ级	45.53
	南岳区	Ⅲ级	149.17	Ⅰ级	14.22
	衡阳县	Ⅰ级	1783.22	Ⅱ级	218.11
	衡南县	Ⅰ级	1803.05	Ⅱ级	252.50

（续表）

城市	区县	增量潜力等级	增量潜力面积（km^2）	存量潜力等级	存量潜力面积（km^2）
邵阳市	双清区	Ⅲ级	58.50	Ⅱ级	40.87
	大祥区	Ⅱ级	107.11	Ⅱ级	40.29
	北塔区	Ⅱ级	43.04	Ⅱ级	17.86
	邵东市	Ⅰ级	1066.79	Ⅱ级	235.96
	新邵县	Ⅳ级	1326.36	Ⅱ级	127.94
	邵阳县	Ⅳ级	1363.49	Ⅱ级	151.41
	隆回县	Ⅳ级	2074.42	Ⅱ级	203.11
	洞口县	Ⅳ级	1596.75	Ⅳ级	149.05
	绥宁县	Ⅳ级	2618.25	Ⅳ级	65.55
	新宁县	Ⅳ级	2288.20	Ⅳ级	127.60
	城步苗族自治县	Ⅳ级	2362.45	Ⅳ级	60.15
	武冈市	Ⅳ级	1009.58	Ⅱ级	133.68
岳阳市	岳阳楼区	Ⅱ级	232.00	Ⅰ级	104.57
	云溪区	Ⅰ级	261.56	Ⅰ级	44.75
	君山区	Ⅱ级	340.08	Ⅱ级	71.94
	岳阳县	Ⅰ级	2249.98	Ⅱ级	167.52
	华容县	Ⅰ级	860.75	Ⅱ级	158.20

（续表）

城市	区县	增量潜力等级	增量潜力面积（km^2）	存量潜力等级	存量潜力面积（km^2）
岳阳市	湘阴县	Ⅰ级	1069.04	Ⅱ级	136.04
	平江县	Ⅰ级	3410.66	Ⅱ级	253.60
	汨罗市	Ⅰ级	1069.19	Ⅱ级	202.65
	临湘市	Ⅰ级	1303.48	Ⅰ级	110.42
常德市	武陵区	Ⅲ级	206.80	Ⅰ级	110.46
	鼎城区	Ⅰ级	1385.74	Ⅰ级	259.25
	安乡县	Ⅰ级	554.75	Ⅰ级	122.14
	汉寿县	Ⅱ级	1297.59	Ⅰ级	246.88
	澧县	Ⅰ级	1233.17	Ⅰ级	257.60
	临澧县	Ⅰ级	705.46	Ⅰ级	143.42
	桃源县	Ⅰ级	3363.57	Ⅰ级	308.37
	石门县	Ⅳ级	3392.52	Ⅳ级	191.50
	津市市	Ⅰ级	311.92	Ⅰ级	71.04
张家界市	永定区	Ⅳ级	1831.04	Ⅰ级	82.81
	武陵源区	Ⅳ级	362.42	Ⅰ级	11.55
	慈利县	Ⅳ级	2917.82	Ⅱ级	147.25
	桑植县	Ⅳ级	3126.72	Ⅳ级	104.73

（续表）

城市	区县	增量潜力等级	增量潜力面积（km^2）	存量潜力等级	存量潜力面积（km^2）
益阳市	资阳区	Ⅱ级	277.62	Ⅱ级	75.97
	赫山区	Ⅰ级	688.59	Ⅰ级	199.43
	南县	Ⅲ级	661.41	Ⅱ级	122.24
	桃江县	Ⅱ级	1553.10	Ⅱ级	163.25
	安化县	Ⅳ级	4393.62	Ⅱ级	172.66
	沅江市	Ⅰ级	1497.19	Ⅱ级	125.34
郴州市	北湖区	Ⅳ级	647.14	Ⅰ级	72.28
	苏仙区	Ⅳ级	1110.19	Ⅱ级	95.95
	桂阳县	Ⅳ级	2272.36	Ⅱ级	157.57
	宜章县	Ⅳ级	1698.16	Ⅳ级	134.35
	永兴县	Ⅰ级	1579.34	Ⅱ级	119.46
	嘉禾县	Ⅱ级	469.06	Ⅱ级	56.50
	临武县	Ⅳ级	1146.38	Ⅳ级	72.23
	汝城县	Ⅳ级	2109.28	Ⅱ级	76.56
	桂东县	Ⅳ级	1312.69	Ⅳ级	37.60
	安仁县	Ⅱ级	1135.15	Ⅱ级	104.85
	资兴市	Ⅳ级	2470.71	Ⅳ级	77.55

（续表）

城市	区县	增量潜力等级	增量潜力面积（km^2）	存量潜力等级	存量潜力面积（km^2）
永州市	零陵区	Ⅰ级	1469.43	Ⅱ级	178.71
	冷水滩区	Ⅰ级	807.74	Ⅱ级	152.77
	祁阳县	Ⅰ级	1906.19	Ⅲ级	207.61
	东安县	Ⅳ级	1711.11	Ⅲ级	152.09
	双牌县	Ⅳ级	1606.14	Ⅲ级	44.65
	道县	Ⅳ级	1947.53	Ⅳ级	135.06
	江永县	Ⅳ级	1375.26	Ⅳ级	55.35
	宁远县	Ⅳ级	2036.41	Ⅲ级	138.19
	蓝山县	Ⅳ级	1552.76	Ⅲ级	74.40
	新田县	Ⅳ级	766.33	Ⅱ级	64.20
	江华瑶族自治县	Ⅳ级	2886.13	Ⅰ级	112.31
怀化市	鹤城区	Ⅳ级	508.38	Ⅱ级	77.17
	中方县	Ⅳ级	1266.37	Ⅱ级	70.13
	沅陵县	Ⅳ级	5329.56	Ⅳ级	142.79
	辰溪县	Ⅳ级	1642.30	Ⅲ级	87.94
	溆浦县	Ⅳ级	2858.63	Ⅲ级	153.66
	会同县	Ⅳ级	1991.25	Ⅲ级	68.37

（续表）

城市	区县	增量潜力等级	增量潜力面积（km^2）	存量潜力等级	存量潜力面积（km^2）
怀化市	麻阳苗族自治县	Ⅳ级	1330.40	Ⅲ级	62.21
	新晃侗族自治县	Ⅳ级	1263.10	Ⅲ级	56.96
	芷江侗族自治县	Ⅳ级	1719.14	Ⅲ级	88.97
	靖州苗族侗族自治县	Ⅳ级	1954.40	Ⅱ级	62.55
	通道侗族自治县	Ⅳ级	2024.23	Ⅱ级	47.89
	洪江市	Ⅳ级	1951.58	Ⅱ级	91.20
娄底市	娄星区	Ⅲ级	231.85	Ⅰ级	107.97
	双峰县	Ⅱ级	1054.36	Ⅰ级	225.71
	新化县	Ⅳ级	2854.57	Ⅱ级	246.58
	冷水江市	Ⅳ级	318.09	Ⅰ级	63.58
	涟源市	Ⅳ级	1200.12	Ⅰ级	270.70
湘西土家族苗族自治州	吉首市	Ⅳ级	932.51	Ⅰ级	57.73
	泸溪县	Ⅳ级	1346.60	Ⅱ级	50.91
	凤凰县	Ⅳ级	1398.09	Ⅱ级	62.49
	花垣县	Ⅳ级	832.63	Ⅱ级	80.30
	保靖县	Ⅳ级	1530.93	Ⅱ级	59.47

（续表）

城市	区县	增量潜力等级	增量潜力面积（km^2）	存量潜力等级	存量潜力面积（km^2）
湘西土家族苗族自治州	古丈县	Ⅳ级	1174.99	Ⅱ级	28.05
	永顺县	Ⅳ级	3390.41	Ⅱ级	107.67
	龙山县	Ⅳ级	2750.21	Ⅱ级	103.77